Stritt Angelika Bösingen

Manfred Jacobs

# ASSISI
# und
# Die NEUE RELIGION

Johannes Pauls II.

Manfred Jacobs

# ASSISI
## und
# Die NEUE RELIGION
## Johannes Pauls II.

Pro Fide Catholica

© Verlag Anton A. Schmid
Verlags-Programm: Pro Fide Catholica
Postfach 22; D-87467 Durach
Printed in Germany 1997

Alle Rechte bei Autor und Verlag
Auszugsweise Veröffentlichung in Presse, Funk
und Fernsehen nur nach Genehmigung.

ISBN 3-929170-02-7

# Inhalt

Vorwort

I. Assisi und New Age .................................................. 9

II. Die Vorgeschichte von Assisi ............................... 21

III. Der interreligiöse Kult von Assisi ....................... 30

IV. Die Vereinten Religionen der Welt ..................... 46

V. Die neue Religion Johannes Paul II. .................... 55

VI. Die neue Religion Johannes Paul II.
    und die Mission ..................................................... 65

Anmerkungen ................................................................ 69

Anhang: Enzyklika "Mortalium Animos"
    von Pius XI. .......................................................... 85

# Vorwort

Der Gebetstag der "Weltreligionen" für den Frieden, der am 27. Oktober 1986 in Assisi stattfand, war ein **interreligiöser Vielgötterkult!** Daß Johannes Paul II. als erster Papst in der Geschichte der Kirche Vertreter der "Weltreligionen" zu einer polytheistischen[1] Kultfeier eingeladen und zusammen mit anderen Repräsentanten christlicher Gemeinschaften an diesem ökumenischen Kultakt teilgenommen hat, ist aus der Sicht der wahren christlichen Theologie ein wahrhaft **historischer Skandal,** ein schwerer Verstoß gegen das erste Gebot Gottes!

Das Ereignis von Assisi muß aber auch unter **weltgeschichtlichen und weltpolitischen** Aspekten gesehen werden. Zwar waren die Akteure von Assisi dem Anschein nach fast durchwegs religiöse Persönlichkeiten, die im Rampenlicht der Weltöffentlichkeit einen interreligiösen Kult demonstriert und das erste Gebot Gottes außer Kraft gesetzt haben. Wer aber mit Sachkenntnis einen Prozess, der die bisherige Weltordnung in ihr Gegenteil verkehren will, und der die Umwandlung aller Wertmaßstäbe als Endziel anstrebt, beurteilen möchte, muß die dafür tätigen Interessengruppen kennen. Diese Kräfte treten als solche weder en bloc noch als Einzelindividuen öffentlich in Erscheinung. Sie agieren insgesamt im Verborgenen.

Höchste politische Mächte sind es, die im Hintergrund dieser erstmals vor aller Welt vollzogenen Kultgemeinschaft der **"Vereinten Religionen der Welt"** standen und stehen. Es ist deren erklärtes Ziel, eine neue **"Weltordnung"** mit einer "Neuen Weltreligion" zu errichten.

Der Begriff und der Plan einer "Neuen Weltordnung" (Novus Ordo Seclorum)[2] stammt von Adam Weishaupt,[3] dem geistigen Vater der alten und neuen **Illuminaten.**[4] Genau 200 Jahre nach dem Verbot seines politischen Geheimbundes in Bayern, haben im Jahr 1986 die heutigen Weishaupt'schen Meisterschüler in Assisi ein noch nie dagewesenes politisches und religiöses Schauspiel inszeniert. Sie haben denjenigen, die es verstehen konnten, vor aller Welt gezeigt, daß **sie** es sind, die hinter den Kulissen des Welttheaters Regie führen, die Fäden der Weltpolitik fest in der Hand und die "Weltreligionen" sicher im Griff haben.

In der vorliegenden Kleinschrift wird auf die angedeuteten weltpolitischen Hintergründe nicht näher eingegangen. Es geht allein um religiöse, theologische Tatsachen, und zwar um solche, die für alle wahrhaft gläubigen Christen bestürzend sind. Denn in Assisi hat Papst Johannes Paul II. vor der gesamten Weltöffentlichkeit eine **Neue Religion** präsentiert, eine Religion, die mit der alten, von Jesus Christus auf dem Fundament der Apostel gegründeten Religion nicht mehr identisch ist.

Diese gewaltlose und unblutige Revolution in der Kirche, die in ihrer historischen Dimension und Tragik von den meisten Zeitgenossen noch gar nicht bewußt wahrgenommen und erkannt worden ist, soll etwas eingehender dargelegt werden. Über den religiösen Aspekt hinaus darf die Schrift aber auch allgemeines Interesse beanspruchen, und zwar deshalb, weil die Aktion von Assisi nach dem Plan der illuminierten **Weltstaatpolitiker** ein epochaler Meilenstein auf dem Weg zur "Neuen Weltordnung" ist, die als **"Diktatur der Humanität"** in der **"City of Man"** verwirklicht werden soll. Die zahlreichen und ausführlichen Anmerkungen sollen dem Leser eine Hilfe sein, die es ihm ermöglicht, die Schwierigkeiten der Problematik des behandelten Themas leichter zu überwinden. Darüberhinaus möge er angeregt und ermutigt werden, die Ereignisse von Assisi auch in Zukunft aufmerksam zu verfolgen und sich mit deren Auswirkungen auseinanderzusetzen.

Am Fest Epiphanie 1989

## Vorwort zur zweiten Auflage

Seit dem Erscheinen der ersten Auflage haben weitere zahlreiche interreligiöse Veranstaltungen stattgefunden. Trotzdem wurde der Inhalt des Büchleins nicht erweitert bzw. ergänzt, um die Leser der ersten Auflage nicht zu benachteiligen.
Möge auch diese zweite Auflage mit dazu beitragen, den Skandal von Assisi in **dem** Licht erscheinen zu lassen, das ihm zukommt.

Fronleichnam 1997

Der Verfasser

# I. ASSISI und New Age

Die Kirche hat im Laufe ihrer Geschichte bedeutende Anstöße im religiösen Bereich gegeben, die nicht selten zu tief einschneidenden und schwerwiegenden Veränderungen geführt haben. Aber nicht immer war es das geographische Rom, der eigentliche Sitz der Päpste, auf das sich die Blicke richteten. So machte auch die umbrische Stadt Assisi bisher zweimal weltweit von sich reden. Zweimal sind von dort tiefgreifende und umwälzende geistig-religiöse Strömungen zu vermelden, die ganz besonderes Aufsehen erregt haben. Das erste Mal im 13. Jahrhundert durch den reichen Kaufmannssohn Giovanni Francesco Bernadone, bekannt als "Der heilige Franziskus". Dieser Franziskus (oder auch Poverello = der Arme genannt), hat sich ganz Christus in die Arme geworfen. Er machte radikalen Ernst mit dem Christentum. Er lebte das Evangelium und verkündete als Botschafter Christi in radikaler Treue den wahren Glauben. Damit löste Franziskus eine Revolution aus! Es war keine gewalttätige Revolution. Es war kein Umsturz der zerstörte. Es kam weder zu Chaos, noch hinterließ diese Veränderung Trümmer. Ganz im Gegenteil! Aufbau und Umdenken in echt christlichem Sinn waren Auswirkungen und Folgen der franziskanischen Umwälzung. Aus Negativem wurde Positives. Durch den GEIST DES EVANGELIUMS kam es zur Umkehr und Hinkehr zu Gott. Diese franziskanische Eruption, die ausschließlich aus dem Evangelium hervorgegangen war, stieß in ihrer Dynamik bis ins Letzte vor, das heißt zur Vergegenwärtigung Christi.

Der heilige Franziskus, ganz Gott hingegeben, konnte sich nicht genug tun und verzehrte sein Leben und seine ganze Kraft bis hin zum Siechtum in der Erfüllung seiner Aufgabe, das Reich Christi auszubreiten und zu festigen. Spott und Anfeindungen ertrug er schweigend, ja sogar froh, denn: "Selig, die ihr jetzt weint! Ihr werdet lachen. Selig seid ihr, wenn euch die Menschen hassen, verstoßen und schmähen und euch um euren guten Namen bringen um des Menschensohnes willen! Freut euch an jenem Tage und frohlockt; denn seht, groß ist euer Lohn im Himmel. Ihre Väter haben es ja mit den Propheten ebenso gemacht." (Lk.6,21-23)

Niemals redete Franziskus der Welt und den Menschen nach deren Mund oder versuchte sich den jeweiligen Strömungen anzupassen. Der Heilige hat nichts mehr geliebt als den Gott des eucharistischen Opfers, dem er jede mögliche Ehre erwies!

Im Testament des heiligen Franziskus heißt es: "Hier auf der Welt sehe ich leiblich nichts von dem Sohne des allerhöchsten Gottes als seinen heiligsten Leib und sein heiligstes Blut... und diese heiligsten Geheimnisse will ich über alles rühmen und ehren." Und an anderer Stelle ist zu lesen: " Der Herr verlieh mir einen solchen Glauben an die Kirche, daß ich einfältig betete und sagte: Wir beten dich an Herr Jesus Christus und wir danken dir, denn durch dein heiliges Kreuz hast du die ganze Welt erlöst."[5]

Siebenhundert Jahre später war es wieder Assisi, das die Aufmerksamkeit der Weltöffentlichkeit auf sich zog. Nicht von ungefähr war diese Stadt Tagungsort einer Bewegung, die dem heiligen Streben des großen missionarischen Erneuerers Franziskus, dem christlichen Geist und der Lehre des Evangeliums diametral entgegen steht. Die im dreizehnten Jahrhundert durch den heiligen Franziskus ausgelöste geistig-christliche Revolution, die Christus in den Mittelpunkt gestellt hat, soll im zwanzigsten Jahrhundert abgelöst werden durch eine Revolution, die bemüht ist, das Wissen über Christus als Mitte abzuschwächen und zu vernebeln.

Gemeint ist der "Weltgebetstag der Religionen" vom 27. Oktober 1986.Das zeremonielle Schauspiel dieses "Weltgebetstages", das der Welt dargeboten wurde, kommt einer Herabsetzung Christi als Sohn Gottes, gleich. Als Einleitung dieses "Anfangs einer neuen Zeit"[6] forderte Papst Johannes Paul II., als Initiator und gleichzeitig auch als Einladender, bereits am 21. September 1986 die Vertreter der unterschiedlichsten Religionsgemeinschaften auf, in radikaler Treue zu ihren jeweils religiösen Überlieferungen zu stehen und somit IHREN (!) Gottheiten ihre Gebete darzubringen!

Es läßt sich also nicht leugnen, daß der "Weltgebetstag" in Assisi vom 27. Oktober 1986 eine symbolische Kulthandlung war, bei der offen zu tage trat, daß Papst Johannes Paul II. und der Episkopat sich von ihren Vorgängern entfernten, insbesondere von jenen elf Päpsten, die seit der französischen Revolution die falschen Religionen verurteilt haben.

In einer gemeinsamen Erklärung vom 2. Dezember 1986, die S.E. Msgr. Marcel Lefebvre und S.E. Msgr. Antonio de Castro Mayer herausgegeben haben, heißt es daher auch unter anderem, sehr zutreffend: "... Alles, was in den vergangenen Jahrhunderten zur Verteidigung des Glaubens von der Kirche ins Werk gesetzt wurde, sowie alles, was durch die Missionare - bis hin zum Martyrium - zu seiner Ausbreitung geleistet wurde, wird nunmehr als eine Fehlentwicklung angesehen, derer sich die Kirche anklagen und für die sie um Verzeihung bitten müsse. In der Haltung der elf Päpste, die von 1789 bis (einschließlich) 1958 in offiziellen Dokumenten die liberale Revolution verurteilt haben, sieht man 'einen Mangel an Verständnis für den christlichen Hauch, der die Revolution inspiriert hat.' Daher die vollständige Richtungsänderung Roms seit dem Zweiten Vatikanischen Konzil, die uns die Worte Unseres Herrn an diejenigen wiederholen läßt, die kamen, um ihn gefangen zu nehmen: 'Das ist eure Stunde und die Macht der Finsternis'. (Luk. 22,52-53). Indem sie die liberale Religion des Protestantismus und der Revolution, die naturalistischen Grundsätze J.J. Rousseaus, die atheistische Freiheiten der Erklärung der Menschenrechte, das Prinzip der Menschenwürde ohne Bindung an Wahrheit und sittliche Würde übernehmen, kehren die römischen Autoritäten ihren Vorgängern den Rücken, brechen mit der katholischen Kirche und treten in den Dienst der Zerstörer der Christenheit und der allumfassenden Königsherrschaft Unseres Herrn Jesus Christus.

Die derzeitigen Akte Johannes Paul II. und der nationalen Episkopate veranschaulichen Jahr um Jahr diesen radikalen Wandel in der Auffassung des Glaubens, der Kirche, des Priestertums, der Welt, des durch die Gnade gewirkten Heiles.

Sein volles Ausmaß hat dieser Bruch mit dem bisherigen Lehramt der Kirche in Assisi erreicht,... Diese öffentliche Sünde gegen die Einzigkeit Gottes, gegen das fleischgewordene Wort und seine Kirche ruft Schauder und Entsetzen hervor: Johannes Paul II. ermutigt die falschen Religionen, zu ihren falschen Göttern zu beten - ein Ärgernis ohne Maß und Beispiel."

Der Vorsitzende der internationalen Konferenz Bekennender Gemeinschaften, der protestantische Professor Peter Beyerhaus (Tübingen), drückte in einem persönlichen Schreiben an Johannes Paul II. seine "große Besorgnis über religionsvermischende Tendenzen" aus. Beyerhaus befürchtet einen "synkretischen[7] Dammbruch" bei dem Treffen, an dem neben Vertretern christlicher Kirchen auch Repräsentanten von nichtchristlichen Weltreligionen teilnahmen.

In einem Kommentar der Zeitschrift "Diakrisis" schreibt Beyerhaus rückblickend unter anderem, daß "die Befürchtungen der kritischen evangelischen und katholischen

Christen doch bestätigt worden seien. So sei das erste Gebot 'Du sollst keine anderen Götter haben neben mir' bei der Gebetsversammlung objektiv verletzt worden: Die Vertreter der anderen Religionen saßen neben den Vertretern der christlichen Kirchen, um von dort aus in derselben kultischen Feier zu ihren Göttern (Buddha, Brama, Schauti, Wischnu, Ahnengeister, dem großen Geist, Mutter Erde und den vier Winden) zu beten."[8]

Assisi ist eine Station auf dem Weg der Umfunktionierung und damit zur Preisgabe der Identität der katholischen Kirche.

Vor der Welt scheint das Gebetstreffen in Assisi das zu bestätigen, was das Organ des Grand Orient de France, der Dachorganisation der französischen Freimaurerei, festgestellt hat: "Die katholische Kirche kann sich nur noch durch die Verleugnung ihrer gesamten Tradition am Leben erhalten."[9]

Das Ereignis des Weltgebetstreffens in Assisi, von Papst Johannes Paul II. -seltsam genug- ohne spezielle pastorale und theologische Vorbereitung der Gläubigen, am 25. Januar 1986 angekündigt, wurde, wie bereits erwähnt, von dem Osservatore Romano, dem offiziellen Organ des Vatikan, als "Anfang einer neuen Zeit" notiert. Anfang einer "neuen Zeit"? Das macht hellhörig und läßt aufmerken! Allenthalben ist heute von New Age, was nichts anderes heißt als "Neues Zeitalter", die Rede. Was ist konkret unter "Neuem Zeitalter" zu verstehen?

Geplant ist die Errichtung einer neuen Weltordnung, einer Weltregierung und einer WELTRELIGION. Das politische Ziel der Bewegung ist Weltherrschaft, die Auflösung und/oder Zerstörung aller souveränen Nationalstaaten. Eine Weltregierung soll die Kontrolle über alle Bereiche der menschlichen Gesellschaft übernehmen und damit den Einzelnen, angeblich im eigenen Interesse, einer notwendigen "Diktatur der Humanität" unterwerfen, denn nur so könne der bedrohte Weltfrieden sichergestellt und endlich ein Zustand universaler Harmonie herbeigeführt werden, was letztlich der Erhaltung der Menschheit diene.

Krisenbewußtsein und Existenzangst vieler Menschen seien es, die den Wunsch nach einer Weltgemeinschaft aus allen Rassen, Kulturen und Religionen laut werden läßt. "Eine Welt oder keine Welt" - "One World" heißt die Parole. Man verspricht sich von dem kollektiven Zusammenschluß eine Überlebenschance.

Die heute so oft beschworene Sinnkrise hängt unmittelbar zusammen mit der libertinistischen, das heißt, der moralisch freizügigen Orientierungslosigkeit. Die westliche Welt hat sich in dem aufklärerischen Säkularisationsprozess weithin von ihren christlichen Grundlagen gelöst. Stattdessen hat sie sich teils den wechselnden Ideologien unterworfen, teils sich einer rationalistisch - materialistischen Lebenshaltung hingegeben. Die Kirche vermag dem nicht wirklich zu begegnen, da sie, infolge ihres theologischen Substanzverlustes, ihren Einfluß weithin verloren hat. In diesen, infolge der Sinnkrise, entstandenen Leerraum stößt nun das vielgestaltige Angebot fremder Religionen. Sie täuschen dem verunsicherten Menschen vor, alle persönlichen und gesellschaftlichen Fragen und Bedürfnisse beantworten zu können. Diese neue Religiosität, die häufig mit dem Namen New Age (Neues Zeitalter) bezeichnet wird, kommt gleichzeitig auf zahlreichen Kanälen zu uns.

Um den Rahmen dieser Betrachtung nicht zu sprengen, seien hier nur zwei der von New Age gemachten Angebote herausgegriffen:

1) eine von der modernen Religionswissenschaft beeinflußte **"Theologie der Religionen"** geht davon aus, daß alle Religionen Anteil haben an einer universalen, die ganze Menschheitsgeschichte durchdringende Heilsoffenbarung. Folglich betrachtet man hier die Religion schon als "latente Kirche" (Paul Tillich) und ihre Anhänger als "anonyme Christen" (Karl Rahner), mit denen man 'auf der Suche nach einer umfassenden Gemeinschaft' in einen wechselseitig bereichernden Dialog eintritt (Dialogprogramme des Genfer Kirchenrates und des Vatikans).

2) In der "Friedensbewegung" ruft man nach einem weltweiten Friedenskonzil der Kirchen, das aber -nach der Vorstellung seines Initiators Carl Friedrich von Weizsäcker- Vorstufe für ein späteres Konzil der Weltreligionen darstellt. Sie sollen aus Ihren jeweiligen spirituellen Kräften heraus vereint den sozialen und politischen Streit aus der Welt schaffen.

Dieser Wunsch hat eine erste Erfüllung in dem von Papst Johannes Paul II. nach Assisi einberufenen "Friedensgebet" der Konfessionen und Religionen gefunden. Damit wurde jene verhängnisvolle Sicht gefördert, nach der alle Religionen im tiefsten Wesen eine Einheit bilden und dieselbe Gottheit -nur unter unterschiedlichen Namen und auf unterschiedliche Weise- verehren.

Die so mannigfaltig unüberschaubare und sehr verschwommene Geistesrichtung von pantheistischer[10] Grundstruktur, ist nach Erklärungen maßgeblicher Vertreter der New Age-Bewegung astrologisch zu deuten. An die Stelle des abgelaufenen "polarisierenden" Zeitalters der Fische (Symbol für das Christentum) trete nun unter dem Zeichen des Regenbogens (bisweilen auch der Pyramide),[11] das "harmonisierende" Zeitalter des Wassermanns, des Symbols für eine naturalistische Universalreligion fernöstlicher Prägung. Dieses will die geheimnisvollen Kräfte des Mikrokosmos (menschliche Tiefenschichten) und des Makrokosmos (Weltall) verbinden,[12] was letztendlich auf Selbstverwirklichung und Selbsterlösung hinausläuft. Der Schlüsselbegriff des "New Age" ist also Umwandlung einschließlich der Veränderung des bisherigen menschlichen Denkens bis hinein in den religiösen Bereich. (Anschauliche Teilergebnisse dieses Umdenkens haben wir bereits vor uns in Volksbewegungen wie der Ökologie-Bewegung, der Friedensbewegung, der Frauen (Emanzipations) -Bewegung, der Umstrukturierung des Sexualempfindens usf.).

Gehen wir auch kurz der esoterisch-astrologischen[13] Komponente des Systems nach: Durch bestimmte himmelsmechanische Bewegungen verschiebt sich die scheinbare Lage des nördlichen und südlichen Himmelspols durch mehrere Sternbilder. Wenn man einen Kreisel auf einer glatten Fläche in Bewegung setzt, führt er drei Bewegungen aus: er dreht sich rasch um sich selbst, er läuft weiter, und zudem beschreibt das obere Ende der Achse noch einen Kreis. Auch die Erdkugel vollzieht diese drei Bewegungen als großer Kreisel: sie dreht sich rasch -nämlich täglich- um sich selbst (Rotation); sie läuft einmal jährlich um die Sonne (Revolution); schließlich beschreibt die Richtung ihrer Achse sehr langsam -nämlich in etwa 25 800 Jahren- ebenfalls einen Kreis (Präzession). Durch diese Präzession durchläuft der Frühlingspunkt der Sonne (Stand der Sonne am 21. März jeden Jahres) in etwa 2140 Jahren jeweils ein neues Sternbild. In groben Zahlenangaben gesehen stand die Sonne somit von 4000 bis 2000 vor Christus beim Frühlingseintritt im Zeichen des Stieres, gedeutet als Hinweis auf den damaligen Fruchtbarkeitskult ("Apis-Stier"). Die nächsten 2000 Jahre standen im Zeichen des geopferten Widders von Abraham bis zur Zerstörung des Tempels in Jerusalem. Die darauf folgenden 2000 Jahre, also von Christi Geburt bis zum 5. Februar 1962, als die Sonne, der Mond (im Neumond) um die fünf Planeten, die dem bloßen Auge sichtbar sind, sich im Zeichen des "Wassermanns" gruppierten, standen im Zeichen der Fische. Der Fisch war in den ersten christlichen Jahrhunderten ein oft benutztes Symbol und Erkennungszeichen der Christen untereinander und ist zurückzuführen auf das griechische Wort für Fisch,"I-CH-TH-Y-S", den Anfangsbuchstaben des Glaubensbekenntnisses in der Kurzform entsprechend "Jesus Christus Gottes Sohn, Heiland."[14]

Seit dem 5. Februar 1962 also befinden wir uns im Zeichen des "Wassermanns". Nach der New Age-Lehre wird der "Wassermann" "Wasser über die Welt gießen" als Sinnbild für einen neuen Geist (Um-Taufe). Dieser Geist soll die Menschen des "Neuen Zeitalters" zu einer "Erweiterung des Bewußtseins" führen, und die so angestrebte "Erleuchtung" wird sie fähig machen, ein Leben "ohne Schwierigkeiten und Probleme" zu führen.[15] Hiermit ist der Kreis geschlossen, und wir stehen wieder -wie zu Anfang- vor einer Weltregierung (One World) und einer Weltreligion, in der Christus dann allerdings nicht als der Kyrios aufstrahlt, sondern nur ein Gleicher unter Gleichen ist!

Das Jahr 1962 unserer Zeitrechnung ist daher für gewisse Kreise von ganz besonderer Bedeutung. Es erhebt sich die Frage, ob es tatsächlich nur ein reiner Zufall war, daß der Beginn des Zweiten Vatikanischen Konzils in dieses Jahr fällt? Selbst die nähere Umgebung Papst Johannes XXIII. war, wie erinnerlich, irritiert über dessen unerwarteten und hastigen Entschluß, kurzfristig für das Jahr 1962 ein Konzil einzuberufen.

Auch das Missale Romanum nach Papst Johannes XXIII. fällt in das Jahr 1962!

Eine Veranstaltung wie die am 27. Oktober 1986 in Assisi, deren "Geist die Welt verändern", die ein Zeichen für den "tiefen Einschnitt in die Menschheitsgeschichte weltweit sichtbar machen", sowie "tief ins Bewußtsein eindringen und den Anfang einer neuen Zeit bewirken" soll, und die von Papst Johannes Paul II. selbst als Initialzündung einer religiösen Weltbewegung verstanden wird, hat ihre längere Vorgeschichte.

# II. Die Vorgeschichte von Assisi

Am Anfang stand zunächst eine Geisteshaltung, die auf eine allgemeine religiöse Toleranz hinzielte. In Praxi heißt das nichts anderes als die Einheit und Gleichberechtigung, die universale Brüderlichkeit und letztlich der Zusammenschluß aller Religionen. Das bedeutet die Annulierung des christlichen Absolutheitanspruchs mit dem gleichzeitigen Abrücken von dem missionarischen Einsatz im biblischen Sinn. Hier ist der Ansatz- und Ausgangspunkt zum Abbruch der christlichen Ordnung und die Ausgangsposition zum Aufbau eines antichristlichen Weltsystems. Planung, Ausarbeitung und Ausführung dieses antichristlichen Weltsystems, liegen in den Händen von Vertretern aus dem liberalen Lager eines aufgeklärten Humanismus. Zäh, und in ihrer bekannten Emsigkeit organisierten sie zahlreiche Versammlungen und Kongresse, in denen der Geist der religiösen Toleranz geweckt werden sowie die grundlegenden Gemeinsamkeiten der großen Religionen herausgearbeitet und die religiöse Einheit der Menschheit gefördert werden sollte. "Leitidee zur Schaffung einer religiös befriedeten Welt war die angeblich allen Religionen gemeinsame **Goldene Regel**"[16] Ein weltweit ausgespanntes Netzwerk von einzelnen Personen und ganzen Gruppenzellen ermöglichte bereits im Jahre 1893 den "Weltkongress der Religionen" in Chicago. Schon dort ging der westliche Liberalismus mit den östlichen Weltreligionen eine eigenartige Verbindung ein.

Die liberalen Ziele des Chicagoer Kongresses fanden einen spezifischen Ausdruck in dem Vortrag Vivekânandas, eines Schülers und Nachfolgers Râmakrischnas. Bereits damals, auf dem "Religionsparlament" in Chicago 1893 vertrat der Svami (d.h. geistlicher Herr) Vivekânandas das "Prinzip des interreligiösen Dialogs", dem die Zukunft gehören sollte. Obwohl sich der Neo-Hinduismus als die vollkommene Verkörperung der religiösen Wahrheit darstellt, "verkündet er die religiöse Toleranz, denn er schließt keine Religion aus. Für ihn bleiben alle Religionen Wege zum Ewig-Einen, das sich den Gläubigen unter verschiedenen Aspekten und Namen offenbart."[17]

Der bengalische Heilige Ramakrischna (1834 - 1886), betätigte praktisch die Lehren der Vedanta-Philosophie,[18] indem er auf der niederen Stufe der Erkenntnis die verschiedenen indischen Götter, Christus und mohammedanische Heilige verehrte, während er sich im Zustand der Versenkung zu dem All-Einen unpersönlichen Absoluten erhob. Nach seinem Vorbild sucht die Ramakrishna-Mission die verschiedensten indischen und nichtindischen Glaubensformen und Kulte als Vorstufe der vedantischen All-Einheitsschau zu verstehen.[19]

Ganz im Sinne seines Lehrers Ramakrishna, predigte auch Vivekânandas in Chicago "nicht die Schaffung einer universalen Mischreligion, sondern die versöhnliche Toleranz, die den Streit vermeide und gegenseitige Hilfe bringe. Der Christ solle nicht Hindu oder Buddhist, der Hindu nicht Buddhist oder Christ werden. Vielmehr soll jeder Bekenner dieser Religionen den Geist der anderen Religionen in sich aufnehmen, aber seine Eigenart bewahren." Vivekânandas stellte damit das Prinzip des interreligiösen Dialogs vor, dem die Zukunft gehören sollte. Die Worte fielen auf fruchtbaren Boden, denn "rund neunzig Jahre später sagt das Sekretariat für die Nichtchristen im Dokument 'Dialog und Mission' (1984), daß Gottes 'geheimnisvoller und schweigender Geist' die Wege des Dialogs öffne, 'um die rassischen, sozialen und religiösen Unterschiede zu überwinden und sich gegenseitig zu bereichern' (44). Mit Blick auf Assisi forderte Johannes Paul II. am 21. September 1986 im Namen des Friedens von allen eingeladenen Religionen **'radikale Treue' zu ihren religiösen Traditionen.** Er sagte wörtlich: 'Diese gemeinsame radikale Treue zu den jeweiligen religiösen Traditionen ist heute mehr denn je ein Erfordernis des Friedens'".[20]

Mit der Aufforderung an Religionsdiener nichtchristlicher Gemeinschaften in radikaler Treue zu ihren jeweils eigenen Religionen zu stehen, ist erstmalig in der Geschichte der katholischen Kirche der Missionsauftrag des HERRN durch einen Papst aufgehoben worden! In gleicher Weise erfährt auch das Wort Christi von der Scheidung der Geister (Mt.10,34) keine Beachtung, denn solche Aussagen stehen der derzeit eingeschlagenen Kirchenpolitik diametral gegenüber und sind einem Dialog mit Andersgläubigen nur hinderlich. Um dies klar herauszustellen hat neuerdings eine Wortschöpfung in den kirchlichen Sprachgebrauch Eingang gefunden, daß es "irreführend sei von verschiedenen Religionen zu sprechen, sondern man sagt, daß wir viele verschiedene religiöse Traditionen haben, die man zur Berichtigung und zur Bereicherung verwenden könne."[21]

Somit wirkt es nicht befremdlich, wenn Johannes Paul II. nicht nur ganz allgemein religiöse Toleranz fordert, sondern das **indische** Geistesleben der Toleranz quasi zur Norm erhebt. Er sagte in seiner Ansprache in Madras (Indien) am 5. Februar 1986 unter anderem: "Im Zusammenhang mit dem religiösen Pluralismus ist der Geist der Toleranz, der seit jeher zum indischen Erbe gehört, nicht nur wünschenswert, sondern geboten."[22] Hier ist zu fragen, ob Johannes Paul II. nicht bemerkt, daß die hinduistischen Persönlichkeiten religiöse Toleranz ausschließlich im Sinne ihres hinduistischen Religionsverständnisses fordern? Gerade dadurch, daß der Hinduismus keine andere Religion ausschließt, er also die religiöse Toleranz verkündet, erhebt er den Anspruch, die Verkörperung der religiösen Wahrheit zu sein.

Die nächste Station nach dem "Weltkongress der Religionen" in Chicago vom Jahre 1893, war in Berlin. Dort fand 1910 der "Weltkongress für freies Christentum und religiösen Fortschritt" statt. Auch über dieser Versammlung der Vertreter der Weltreligionen schwebte der Geist Viveka^nandas. Ein Professor Vasvani forderte alle Religionen zum brüderlichen Zusammenschluß auf. Die Weltreligionen, so sagte er, seien keine Konkurrenten, sondern Brüder. Es wäre durchaus gerechtfertigt, sich zusammenzuschließen und eine Familie des Glaubens zu bilden, zur Ehre des Vaters, der in allen wirksam sei.

Zum Abschluß des Kongresses sprach Père Loyson[23] für alle das Vaterunser. Diese Möglichkeit war 1986 in Assisi nicht mehr gegeben, da in den 76-Jahren von 1910 bis 1986 das Selbstbewußtsein der nichtchristlichen "Weltreligionen" zugenommen hatte, und die Kirche dem toleranten Geist des interreligiösen Dialogs inzwischen huldigte.

Den nächsten Schritt in Richtung Einheitsweltreligion tat 1921 der Begründer der modernen Religionswissenschaft und Vertreter freien Christentums, Rudolf Otto.[24] Von ihm wurde der "Religiöse Menschheitsbund" ins Leben gerufen mit dem Ziel, "die Einheit der Religionen und den Frieden der Welt aus religiöser Verantwortung zu fördern." Als Verbindung von Religionswissenschaft und weltanschaulicher Kampfgemeinschaft besteht die Organisation des "Religiösen Menschheitsbundes" bis heute fort. Der Religionsbegriff Ottos bildet die wissenschaftliche Grundlage der "Bewegung für Freies Christentum" und des "Religiösen Menschheitsbundes". Die liberal-religiöse Bekenntnisbewegung von Chicago und Berlin war auf dieser Basis zu einer festen Organisation zusammengewachsen. Sie hatte ein wissenschaftliches Fundament erhalten. Bis heute wird von einigen Religionswissenschaftlern die Auffassung vertreten, daß die moderne Religionswissenschaft den Beweis für eine letzte Einheit in allen Religionen erbracht habe. Friedrich Heiler[25] versuchte dies 1957 in Bremen auf einer Tagung des "Religiösen Menschheitsbundes" in einem Vortrag "Einheit und Zusammenarbeit der Religionen" zu belegen. Für Heiler ist es ein erwiesenes Ergebnis der modernen Religionswissenschaft, daß sich Gott in allen Religionen der Menschheit offenbare. Deshalb fordert er einen universalen Menschheitsglauben der allein der universalen Gottesoffenbarung entspreche.

Das ist die Basis für die "Bewegung für Freies Christentum". "'Freies Christentum' bedeutet zunächst die Befreiung von allen 'dogmatischen Verkrustungen' des kirchlichen Christentums. In der Verbindung von moderner Religionswissenschaft und dogmenfreiem Christentum handelt es sich ferner um eine (bereits erwähnte) Kampfgemeinschaft gegen das 'autoritäre und exklusive Glaubensgehäuse' jeder dogmengebundenen Kirchlichkeit. Mit Berufung auf die Erkenntnisse der modernen Religionswissenschaft und Theologie fordert sie vom Christentum Verzicht auf jeden Absolutheits- und Ausschließlichkeitsanspruch und die Anerkennung der anderen Religionen als gleichberechtigter Partner. In diesen Forderungen kommt sie mit den Bestrebungen nichtchristlicher Religionen überein." -

"Die Position des Freien Christentums umschreibt Gustav Mensching[27] folgendermaßen: "Ein solches Christentum der Freiheit der Kinder Gottes (Röm.8,21) besitzt eine weltweite Schau göttlichen Wirkens und Redens in der Geschichte der Religionen dieser Erde. Die notwendige

Konsequenz ist die 'inhaltliche Toleranz', das heißt kein bloßes Dulden oder gar Erdulden fremder religiöser Überzeugung und Praxis, sondern die Anerkennung fremder Religionen als echter Möglichkeit der Begegnung mit dem Heiligen.

Natürlich ist für Mensching das Dogma von der Gottheit Christi eine mythologische Schöpfung der Kirche. Jesus Christus ist nur einer der großen 'Söhne Gottes', nur eines der religiösen Genies der Menschheit. Es liegt auf der Hand, daß mit dem kirchlichen Dogma von der Menschwerdung Gottes in Jesus Christus per se ein Absolutheits- und Ausschließlichkeitsanspruch gegeben ist."[26]

Die 1893 in Chicago ausgelöste religiös-liberale Weltbewegung gewann immer mehr an Boden. So rief, im Hinblick auf Chicago und Berlin, Sir Francis Younghusband 1936 in England den "World Congress of Faiths" ins Dasein. Auch die Tagungen des World Congress of Faith waren mit interreligiösen Gottesdiensten verbunden. Sir Francis Younghusband selbst redete einem "größerem Christentum" das Wort. Es müsse, so sagte er, ein offenes, ein auf dogmatische Enge verzichtendes Christentum sein. Ein Christentum, welches der nichtchristlichen Menschheit entgegenkomme. Der Kreuzestod Christi sage den anderen Religionen nichts. Die Menschen brauchten ein erhabeneres Symbol als ein Marterinstrument.

Solche Aussagen bestätigen nur, daß religiös-liberale Bewegungen dem Christentum völlig verständnislos ge-

genüberstehen. Sie erkennen nicht, daß die Botschaft vom Kreuz Grundprobleme der menschlichen Existenz enthüllt und beantwortet, die von einem religiös-liberalen Standpunkt aus nicht gelöst werden können. Bei aller Anstrengung ist eine solch religiös-liberale Weltbewegung in keinem Fall in der Lage eine Aussage zu treffen, die über die biblische Antwort hinausführen könnte.

Als "Deutscher Zweig des Weltbundes der Religionen" wurde 1957 der geistesverwandte "Religiöse Menschheitsbund" dem "World Congress of Faiths" eingegliedert.

Weitere Bewegungen mit der gleichen Zielsetzung wie die bisher aufgezeigten, sind die von Yonosuke Nakano begründeten "Ananai-Kyo Weltkongresse der Religionen" (= "World Religions Congress on the Foundation of the World Peace through Religion"). Die "International Association for Liberal Christianity and Religious Freedom". Das "World Parlament of Religions". Die "Universal Religions Alliance", und das in Indien entstandene "Vishva Dharma Sammelan" (= "World Conference of all Religions"). Besonders eine Bewegung ist es, die mit ihrer Aktivität unmittelbar in das Weltgebetstreffen von Assisi einfließt. Es ist die "Weltkonferenz der Religionen für den Frieden", abgekürzt WCRP.

Erstmals im Jahre 1970 kam es bei der WCRP zu einer Zusammenkunft in Kyoto (Japan). Hier trafen sich 260 Delegierte aus 39 Ländern und 10 Religionen. Auf dem

Programm stand als Tagesordnung der Einsatz aller Religionen für den Frieden.

Ganz kurzfristig, nur vier Monate, vor dem Weltgebetstreffen am 27. Oktober 1986 in Assisi, versammelte sich der internationale Rat der "Weltkonferenz der Religionen für den Frieden" am 3O. Juni 1986 in Huai Rou bei Peking (China) und rief alle WCRP-Sektionen auf, "sich verstärkt für die Friedenserziehung einzusetzen", eine "Haltung der Friedensliebe heranzubilden", und jede Kultur in eine "Friedenskultur" zu verwandeln.[28]

Voraussetzung hierfür ist: daß, wollen die Religionen gemeinsam den Frieden in der Welt fördern, es gilt, zuerst den Frieden unter den Religionen selbst zu schließen, also auch hier wieder Anerkennung und Hochachtung gegenüber allen Religionen durch inhaltliche religiöse Toleranz. Nur unter diesem Aspekt konnte es möglich sein, einen "Weltgebetstag der Religionen" wie den in Assisi am 27. Oktober 1986, mit Erfolg durchzuführen. So zählte zu den prominenten Teilnehmern des Gebetstreffens auch der Vorsitzende der WCRP. Es ist bemerkenswert, daß dieser Kreis vor allem Repräsentanten des Islam aufgeboten hatte, einer von ihnen war sogar von der katholischen Kirche zum Islam übergetreten.[29]

Durch den tatkräftigen persönlich-aktiven Einsatz Papst Johannes Paul II. war somit eine Bewegung, die seit 1893 in Chicago ihren Ursprungs- und Ausgangspunkt hatte, in Assisi 1986 an einem Höhepunkt angelangt.

# III. Der interreligiöse Kult von Assisi

Laut Osservatore Romano bedeutete der Gebetstag der Religionen für den Weltfrieden am 27. Oktober 1986 in Assisi für den Vatikan "einen tiefen Einschnitt in der Menschheitsgeschichte", der "tief ins Bewußtsein eindringen und den Anfang einer neuen Zeit (New Age?) bewirken soll".[30]

Mit Akribie hat der Vatikan daran gearbeitet, die angestrebte Billigung dieser "neuen Zeit" zu erreichen. Nichts wurde übersehen, versäumt oder außer acht gelassen. Alles war auf das sorgfältigste vorbereitet und organisiert. So war der Eröffnungstag des Weltgebetstreffens in Assisi auf einen Montag festgelegt worden, weil der Montag ein sakral neutraler Tag ist, das heißt, ein in keiner Weltreligion "Heiliger Tag". Damit war allen Kulten der anwesenden Religionsvertreter Rechnung getragen und deren voller Einsatz gewährleistet.

Namentlich angerufen wurden ein Bodhisattva,[31] Vishnu (Brahma),[32] der indianische Geist, Allah, Mutter Erde, die vier Winde, der Donner und afrikanische Ahnengeister.[33]

Anwesend waren Vertreter aus dem Islam, Buddhismus, Hinduismus und Shintoismus, Repräsentanten der Sikhs, Parsen und Naturreligionen, Teilnehmer der Orthodoxen und altorientalischen Kirchen, christlicher Weltgemeinschaften und Weltorganisationen sowie der katholischen Kirche.[34]

Auf der Treppe der Marienbasilika, die an der Stelle steht, wo der heilige Franziskus am 3. Oktober 1226 in seinem geliebten Portiunkulakirchlein, welches eigentlich immer sein richtiges Zuhause gewesen ist, die irdischen Augen für immer geschlossen hatte, begrüßte Papst Johannes Paul II. seine Gäste. Er tat dies nicht als Vorsitzender des Gebetstreffens, sondern, in großer Zurückhaltung, lediglich als Hausherr(!).

Mit dieser Geste sollte die Gleichberechtigung, Unabhängigkeit und Eigenständigkeit aller teilnehmenden Religionen zum Ausdruck gebracht und unterstrichen werden.[35]

Auch in seiner Begrüßungsansprache setzte Johannes Paul II. ein Zeichen. Nochmals wird hier allen Religionen ihre unantastbare Legitimität und volle Anerkennung bescheinigt. Mit der Anrede "Meine Brüder und Schwestern..." welche das Neue Testament lediglich den Mitgliedern des Gottesvolkes (will sagen der Kirche Gottes) vorbehält, bekundet der Papst seine religiöse Toleranz, die aber im krassen Gegensatz zur ganzen Heiligen Schrift und zur Tradition der Kirche steht. Johannes Paul II. gibt zu erkennen, daß er sich mit allen Religionen identifiziert und sich mit deren Angehörigen geschwisterlich verbunden fühlt.

Nach der Begrüßung zogen die Führer und Vertreter der Weltreligionen in die Basilika ein. Auch diese Szene stellt Brüderlichkeit und Identifikation mit fremden Religionen unter Beweis. Der Einzug in das katholische Gotteshaus symbolisiert und signalisiert die Öffnung der Kirche für alle Religionen, also auch für die Heidenvölker. Die Forderung des heilsnotwendigen Glaubens und der heilsnotwendigen Taufe als Voraussetzung für den Eintritt in die heilsnotwendige Kirche, ist in Assisi nicht erhoben, ja nicht einmal im Ansatz schwach angedeutet worden.

Zuerst betrat der Dalai Lama,[36] die Reinkarnation[37] eines Bodhisattva, der selbst Religionsführer ist, in einen gelbroten Umhang gekleidet, das Gotteshaus. Ihm folgten die verschiedenen buddhistischen und hinduistischen Vertreter, die Schintoisten,[38] Sikhs,[39] Parsen,[40] dann die Moslems. Die Reihe der nichtchristlichen Repräsentanten schließt mit drei buntgekleideten Afrikanern und zwei Indianern. Dann ziehen die Juden unter Führung des Oberrabbiners von Rom ein, gefolgt von den Vertretern der verschiedenen christlichen Bekenntnisse des Westens und Ostens, zuletzt der anglikanische Erzbischof von Canterbury. Ihnen folgt der Papst mit der katholischen Gruppe.

Insgesamt nahmen 50 Führer nichtchristlicher Religionen teil, darunter, wie schon erwähnt, der Dalai Lama, der Generalsekretär des Islamitischen Weltkongresses, ein Enkel Mahatma Ghandis und auch Vertreter der Sikhs, die ja gerade wegen der Aufstände im Punjab Schlagzeilen machten und viele viele andere, von den Parsen die ihre

Religion auf Zarathustra zurückführen bis zu den Vertretern der Naturreligionen Afrikas und Nordamerikas (Indianer).

Zur christlichen Gruppe gehörten unter anderen der Generalsekretär des Weltkirchenrates, der Metropolit Fisarete vom Moskauer Außenamt der russ.- orthodox. Kirche, die Vizepräsidentin des Luth. Weltbundes und die Sekretäre des Method. Weltrates und der Baptistischen Weltallianz. Unter ihnen war auch Allen Boesak aus Südafrika.

Der Rheinische Merkur schreibt am 31.10.1986 u.a. "In dem Halbrund des Chorraumes der Basilika Santa Maria degli Angeli... saß der Papst wie ein Religionsführer unter vielen. Alle saßen auf den gleichen Stühlen, niemand war durch äußere Zeichen besonders hervorgehoben."[41]

"Weiß man, wie sorgfältig bei katholischen Kulthandlungen die geistliche Stellung des Papstes durch äußere Zeichen hervorgehoben wird, so ist der Verzicht darauf signifikant. Berichterstatter sahen in der Sitzordnung eine symbolische Darstellung der Gleichberechtigung aller teilnehmenden Religionen."[42]

Wie ernst es Johannes Paul II. damit ist, vor allen Menschen für Anerkennung und Gleichberechtigung aller Religionen Zeugnis abzulegen, läßt seine Forderung erkennen, die er bereits **vor** dem Gebetstreffen als gemeinsame Verpflichtung aller teilnehmenden Religionen u.a. gestellt hat. Wörtlich heißt es da: "Diese gemeinsame radikale

Treue zu den jeweiligen religiösen Traditionen ist heute mehr denn je eine Erfordernis des Friedens. Jeder der in Assisi Anwesenden wird Gott sein Gebet **gemäß seiner eigenen religiösen Tradition darbringen!**"[43]

Johannes Paul II. verlangt von seinen Gästen nicht, wie in der Heiligen Schrift und in der biblischen Missio der Kirche geboten, die falschen Numina[44] zu verlassen, und nur den alleinigen wahren Gott anzubeten, sondern er fordert sie dazu auf, **in radikaler Treue (!)** zu ihren jeweiligen religiösen Überlieferungen i h r e n (!) Gottheiten ihre Friedensgebete darzubringen.

Es liegt auf der Hand, daß, hätte der Papst auf der Erfüllung des Ersten Gebots bestanden, ein Gebetstreffen der Religionen nicht hätte stattfinden können. Das Interesse an dem Zustandekommen des Gebetstreffens und dessen reibungslosem Verlauf ist jedoch kein Vorwand das elementarste Gebot Gottes zu ignorieren und auf die biblische Sendung der kirchlichen Missio zu verzichten.

Es schmerzt zu wissen, daß dieser Verzicht in der Heimatstadt Franz von Assisis, der wegen seiner radikalen Treue zu Christus einer der größten Heiligen ist, den die Kirche kennt, erfolgt ist.

Franziskus wurde in Konsequenz zu dieser Treue zum Stifter eines bedeutenden Missionsordens und selber zum Missionar, weil er wußte, daß der Menschheit kein anderer

Name gegeben ist, in dem sie Erlösung und **wahren Frieden** finden kann, als der Name *Jesus Christus!*

Es ist eine Schmach, daß Franziskus im religiösen und theologischen Zusammenhang des Gebetstreffens der Religionen in seiner Vaterstadt eine substantielle Verfremdung seines Wesens und seiner Sendung durch die Kirche erleiden muß. Seinem ehrverpflichtenden Andenken ist eine Ungeheuerlichkeit widerfahren! Er, der Missionar für *Christus*, wurde zu einem, schon vom Ansatz her, falschen interreligiösen Sinnbild für "Frieden, Versöhnung und Brüderlichkeit" verzerrt!

In Assisi wurde den einzelnen, auch den nichtchristlichen, Religionen zum Zweck der Ausübung ihrer jeweiligen gottesdienstlichen Kulte, von Johannes Paul II., katholische Kirchen zur Verfügung gestellt. Diese Gebetsorte gaben jeder Religion die Möglichkeit und die Zeit, ihren jeweils eigenen Ritus zu praktizieren und sich darin auszudrücken.

Greuel an heiliger Stätte!

In der Kirche der Abtei San Pietro hatten die Buddhisten ihren glaubensspezifischen Kultraum eingerichtet. "Da wehten neben dem Kreuz in der alten Kirche Sankt Peter buddhistische Gebetsfahnen, da stand **auf (!)**[45] dem Tabernakel eine Buddhastatue, neben den Kerzen brannten Räucherstäbchen, statt der Glocke ertönte der Gong, und es wurde nicht gregorianischer Choral gesungen, sondern es erklangen buddhistische Sutren.[46/47]

Buddha über Christus! Die buddhistische Erleuchtung neben dem Glauben an die Gottheit Jesu? Das heißt nach D.T. Suzuki, dem Vertreter des Zen-Buddhismus:[48]" Im Erleuchtungserlebnis gibt es keinen 'Gott', keinen 'Schöpfer', der Gebote gibt, keine 'Ich-Seele', keine 'Kreuzigung', keine 'Auferstehung', keine Zweiteilung in Gut und Böse, Freund und Feind; ferner gibt es in der Erleuchtung nicht den Verlust eines 'Paradieses', die Veranstaltung eines 'Gerichtes', den Gewinn der 'Unsterblichkeit', das Bekenntnis zu einem 'Erlöser' und den Eingang in sein 'Reich'".[49] Und weiter "Der gekreuzigte Christus ist ein schrecklicher Anblick, und ich kann nicht anders, in meiner Vorstellung verbindet er sich mit dem sadistischen Impuls einer seelisch überreizten Phantasie." Welch radikaler Widerspruch zum Christentum, für das Kreuzesopfer und die Auferstehung des Gottmenschen *Jesus Christus* die gnadenhafte Befreiung (Erlösung) von der Erbsünde und die Erhebung des Menschen in den Stand der Gotteskindschaft bedeutet!

In Hörweite zu den Buddhisten verrichteten die Shintoisten ihre Gebete. Auch den Hindus und den Sikhs wurde ein katholisches Kirchengebäude zur Verfügung gestellt in dem sie, ebenfalls nebeneinander, ihre Kulte vollzogen.[50]

Große Beachtung verdient, und es darf keinesfalls übersehen werden, daß sich Muslimen und Juden geweigert haben, ihre Kulte in einem christlichen Gotteshaus zu begehen. Beide haben damit ihre feste und unverrückbare religiöse Überzeugung mit allem Nachdruck kundgetan!

Das Herzstück des Islam bildet der Glaube an einen, unvergleichlichen, über der Welt stehenden, diese aber vollständig beherrschenden persönlichen Gott. Den kürzesten Ausdruck findet dieser Glaube in der 112ten Sure des Koran, wo es heißt: "Er ist der eine Gott, der ewige Gott. Er zeugt nicht und wird nicht gezeugt, und keiner ist ihm gleich." Der Islam betrachtet es als einen schweren Irrtum dem unvergleichlichen Gott andere Wesen 'beizugesellen'. Hieraus resultiert das erklärte Ziel des Stifters des Islam -Mohamed-, im Westen das Kreuz Christi zu zertrümmern und die Welt für den Islam zu gewinnen. Einige Suren[51] rufen zur totalen Vernichtung des Christentums auf.

| Beispiele: | 2.Sure,40 | "Die, welche nicht glauben und den Koran verleugnen, werden Bewohner des Höllenfeuers sein und darin verbleiben." |
|---|---|---|
| | 2.Sure,192 | "Tötet sie, wo ihr sie trefft; verjagt sie, von wo sie euch vertrieben; vertreiben ist schlimmer als töten." |

| | |
|---|---|
| 3.Sure,119 | "O Gläubige! Schließt keine Freundschaft mit solchen, die nicht zu eurer Religion gehören, Sie lassen nicht ab, euch zu verführen und wünschen nur euer Verderben. |
| 5.Sure,52 | "O Gläubige, nehmt weder Juden noch Christen zu Freunden. Wer von euch sie zu Freunden nimmt, der ist einer von ihnen." |
| 8.Sure,40 | "Bekämpft sie, bis alle Versuchung aufhört und die Religion Allahs allgemein verbreitet ist." |
| 48.Sure,17 | "Ihr sollt das Volk bekämpfen, oder es bekenne sich zum Islam." |
| 76.Sure,5,32 | Wahrlich, für die Ungläubigen haben wir bereitet: Ketten, Halsschlingen und Höllenfeuer."[52] |

Trotz allem hat Johannes Paul II. persönlich gefordert, daß jeder in Treue zur angestammten Religion in seiner eigenen religiösen Tradition sein Friedensgebet darbringen solle, so daß die Gebete "in der Verschiedenheit der Religionen" der "Höchsten Macht" dargebracht würden. Es hat sich offen gezeigt, daß die unterschiedlichen Religionen, wie es gar nicht anders denkbar ist und erwartet werden konnte, ihre jeweils sehr verschiedenen Konkreta "höchster Mächte" angerufen haben.

Unbegreiflich auch die Voraussetzung und die Erklärung Johannes Paul II., daß jeder der in Assisi Anwesenden "Gott" sein Gebet darbringe, "gemäß seiner eigenen religiösen Tradition."

Auch hier versteht es sich ganz von selbst, daß die verschiedenen Religionen nicht "GOTT", das heißt, nicht dem Einen wahren GOTT der biblischen Offenbarung ihre Gebete darbrachten, sondern nur zu den jeweils eigenen, sehr verschiedenen Göttern gesprochen haben, denn keine Religion, die sich selbst ernst nimmt, denkt daran, ihre eigene endgültige Heilswahrheit preiszugeben.

Eindringlich bestätigen das die "Friedensgebete", die von den Vertretern der einzelnen "Weltreligionen" vor der Vollversammlung aller Teilnehmer und der Weltöffentlichkeit in der Abschlußzeremonie des "Weltgebetstages" in Assisi nacheinander gesprochen wurden.

Die Abschlußszene des "Weltgebetstages" war wieder von einer tiefen Symbolik getragen. Weise Vorsicht und "demütige" Zurückhaltung seitens des Vatikan ließen es diesem ratsam erscheinen, die Veranstaltung nicht **in** der

Grabeskirche des hl. Franziskus stattfinden zu lassen, sondern auf dem Platz **davor**! Ein Einzug der Delegierten der "Weltreligionen" in die Basilika hätte zu der mißverständlichen Annahme führen können, das Endziel der Zusammenkunft in Assisi sei die katholische Kirche, und nicht die allen Religionen gemeinsame "Transzendenz".

Die "Friedensgebete" der einzelnen Religionen lassen dann auch zweifelsfrei erkennen, daß eine Annäherung oder ein Anknüpfungspunkt an das Christentum in keinem einzigen Fall gegeben ist.

Das "Friedensgebet" der Buddhisten ist ein ganz eindeutiges Bekenntnis zum Mahâyâna-Buddhismus[53] (auch der Hînayâna-Buddhismus[53] war durch einen thailändischen Bhiksu[54] vertreten). Erfleht wird der Friede des Bodhisattva Sangha. Dieses Gebet ist eine Einladung an alle, den Heilsweg eines Bodhisattva zu beschreiten um letztlich durch die Verdienste und durch die Macht Bodhisattvas das buddhistische Heilsziel, das Buddha-Sein (das ist das Erwachen im Nirvana[55]) zu erlangen. "Mögen sie (alle Wesen) in einer Gestalt, die der Götter überlegen ist, schnell zum Buddha-Sein gelangen"...[56] Erwiesen ist hiermit der unüberbrückbare Gegensatz zum persönlichen Gott der biblischen Offenbarung, aufgezeigt der Gegensatz zum christlichen Dogma der Erlösung und des Einen Mittlers zwischen Gott und den Menschen, JESUS CHRISTUS!

Die Dschainas[57] bekennen sich in ihrem "Friedensgebet" zum Dschainismus", einer Religion ausgesprochener Selbsterlösung. "...Friedensbringer für die Welt ist Shanti (natha), der Herr, der die höchste Stufe erreicht hat..." (=Teil des Gebetstextes).

Der Friede ist nach dem religiösen Begriff der Dschainas der Zustand der Erleuchtung in Isatprâgbhârâ.[58]

Auch hier ist der Gegensatz zur biblischen Offenbarung fundamental. Es gilt sich zu entscheiden, **wem** man angehören will, Vardhamâ Mahâvîra oder JESUS CHRISTUS.

Im "Friedensgebet" der Hindus[59] wurden zwar Texte monotheistischer Tönung vorgetragen, wobei allerdings dieser Monotheismus den Upanischaden[60] und den polytheistischen Veden[61] entnommen ist. Das bedeutet, daß sich auch die Hindus in ihrem "Friedensgebet" zum Hinduismus bekennen, der sich in einer kaum überschaubaren Fülle religiöser Formen darstellt. Seine Grundtendenz ist aber der Monismus[62] und die Lehre, daß die Außenwelt ein Ausfluß des absoluten Urprinzips (Uranfänglich) ist. Der buddhistische Monismus mit der Identität von âtman[63] und brahman widerspricht grundlegend dem biblisch-christlichen Schöpfungsglauben. Das biblische Verhältnis des Schöpfers zum Geschöpf gehört zum Wesen und ist bestimmend für das Wesen der christlichen Religion.

Somit bleibt auch hier keine andere Wahl als die Entscheidung, welchem Gesetz man folgen will, dem vedischen Gesetz des Friedens, oder dem Friedensgesetz JESU CHRISTI.

Eher als allgemeines "Wort zum Frieden" als ein Gebet wirkte der Vortrag der Shintoisten.[64] Das ist verständlich, wenn man berücksichtigt, daß diese Religion staatstragende Bedeutung für das Kaisertum hat, weshalb sie auch als "Tennoismus" bezeichnet wird. Es ist daher naheliegend, daß das "Friedensgebet" der Shintoisten mit Oden des Tenno (=Kaiser) bestritten wurde, da dieser im Shintoismus eine zentrale Rolle spielt.[65] Der Friede des Tenno ist aber nicht der Friede CHRISTI. Der Gegensatz zur christlichen Offenbarung liegt somit auf der Hand.

Ein Vergleich des Christentums mit den Naturreligionen der Afrikaner und Indianer erübrigt sich vollends. Da rief ein Fetischpriester aus dem heiligen Wald von Togosee den "Großen Daumen" und den "Krachenden Donner" an,[66] und ein nordamerikanischer federgeschmückter Indianerhäuptling lud alle Anwesenden ein, mit ihm die Friedenspfeife zu rauchen.[67]

Das "Friedensgebet" der Muslime wendet sich offen, unmißverständlich und mit aller Deutlichkeit gegen die christologischen und trinitarischen Dogmen des Christentums! Das Gebet der Muslime ist dem Koran entnommen und wird mit Nachdruck vorgetragen! Es beginnt mit der Eröffnungssure des Koran (I), dem Lobpreis auf Allah. Unter anderem heißt es darin: "Dir allein wollen wir dienen, und zu dir allein flehen wir um Beistand. Führe uns den rechten Weg, den Weg derer, welche sich deiner Gnade freuen - und nicht den Pfad jener, über die du zürnst oder die in die Irre gehen!" Es folgt die Sure II,136: "Sagt: 'Wir glauben an Allah und an das, was er uns offenbarte, und an das, was allen Propheten von ihrem Herrn gegeben wurde. Wir kennen unter diesen keinen Unterschied. Wir bleiben Allah ergeben'".

Mit der Sure IV,1 wird wieder die alleinige Verehrung Allahs eingeschärft: "Verehrt Allah, in dessen Namen ihr Bitten zueinander sprecht". Das islamische "Friedensgebet" schließt mit der Sure CXII: "Im Namen Allahs, des Allbarmherzigen! Sprich: 'Allah ist der alleinige, einzige und ewige Gott. Er zeugt nicht und ist nicht gezeugt, und kein Wesen ist ihm gleich'. Auch im islamischen "Friedensgebet" kommt der Friede nicht zu kurz, allerdings aber nur im Zusammenhang mit dem "Heiligen Krieg"! (Sure IV,95; und Sure VIII,62).

Was von den Muslimen in Assisi zu hören war, ist ein eindeutiges und festes Bekenntnis zum Islam. Sie (die Moslems) verkünden einen kompromißlosen Monotheismus und fordern die alleinige Verehrung Allahs. Deshalb spricht dieses Gebet auch nur von dem einen "rechten Weg Allahs" und erklärt alle anderen Religionen ganz kategorisch zu Irrwegen oder zu Wegen, die den Zorn Allahs herausfordern. Indem es die Anerkennung aller Propheten "ohne Unterschied" verlangt und eine göttliche Zeugung bestreitet, wendet es sich direkt gegen die christologischen und trinitarischen Dogmen des Christentums.[68]

Was ist von einem Papst zu halten, der, laut göttlichem Auftrag das alleinige Recht, ja sogar die unabdingbare Pflicht hat, im Namen Jesu Christi den ausschließlichen religiösen Absolutheits- und Wahrheitsanspruch zu erheben und vor aller Welt -ob gelegen oder ungelegen- zu vertreten, der stattdessen aber als Gastgeber schon mit der Einladung zum Friedensgebet die brüderliche Anerkennung aller Religionen vollzogen hatte?

Was ist von einem Papst zu halten, der den Weltreligionen, die ihre Friedensbegriffe vorgetragen und ihre Religionsbekenntnisse abgelegt, die ihre Heilswege verkündet und ihre Gebete den verschiedenen Numina dargebracht haben, die Anerkennung- und Gleichberechtigung aller Religionen dokumentiert, wobei das Christentum gleichzeitig relativiert wird?

Was ist von einem Papst zu erwarten, der eine Veranstaltung leitet, in der die Vollversammlung der "Weltreligionen" gleichzeitig und an einem Ort konzentriert vor der gesamten Weltöffentlichkeit (gemäß päpstlicher Forderung) in radikaler Treue zur eigenen Tradition "Gott" oder "der höchsten Macht" ihre Gebete darbringen?

Nacheinander haben in Assisi Buddhisten, Hindus, Jainas, Muslimen, Shintoisten, Sikhs, afrikanische und nordamerikanische Stammesreligionen, Parsen, Juden und Christen in "radikaler Treue zu den jeweiligen religiösen Traditionen" ihre Heilswege gepriesen und ihren "Gottheiten" Friedensgebete dargebracht. Nebeneinander stehen die Heilswege des Siddhârta Gautama und des Shântideva, des Shankara, des Vardhamâna Mahâvîra, des Muhamed, des Nânak Dev, der mythischen Ahnen des Zarathustra, des Moses und des Jesus von Nazareth. Nacheinander und nebeneinander wurden der Menschheit als "höchste Macht" oder als "Gott" vorgestellt: der Buddha, die Bodhisattvas, das göttliche Brahman, der Jina, Allah, die numinosen Kami, Nâm-Sat, der Große Donner, Manitu, Ormazd, Jahwe und der dreifaltige Gott.[69]

In Anerkennung der friedensstiftenden Kraft ihrer Gebete konnten die nichtchristlichen Religionen auch die Anerkennung der metaphysischen Realität und Geschichtsmacht ihrer Numina durch den Papst Johannes Paul II. erblicken. Dieser theologische Tatbestand wird durch die erklärte Absicht Johannes Paul II. unterstrichen, in Assisi die "neue friedvolle Welt" auf das "sichere Fundament" dieses Gebetspluralismus der Religionen zu gründen.

# IV. Die Vereinten Religionen der Welt

Letztlich beruht das Gebetstreffen von Assisi auf der angeblich fundamentalen Gemeinsamkeit aller Religionen. Zentraler kann die Anerkennung der nichtchristlichen Religionen nicht erfolgen, als sie in Assisi geschehen ist. Die zwingende Konsequenz aus dieser theologischen Sicht ist eine neue Haltung der Kirche gegenüber den nichtchristlichen Religionen, wie sie auch in Wort und Tat durch Johannes Paul II. auf dem Gebetstreffen zum Ausdruck gebracht worden ist.

Bereits in seiner ersten Enzyklika "Redemptor hominis" spricht Johannes Paul II. u.a. "Dank dieser Einheit (das heißt, was uns eint) nähern wir uns immer mehr dem Erbe des menschlichen Geistes, wie es sich in allen Religionen kundgetan hat und wie das Konzil Vatikanum II in "Nostra Aetate" ("über die Beziehung der Kirche zu den nichtchristlichen Religionen") lehrt. Dank dieser Einheit nähern wir uns immer mehr allen Kulturen, allen Weltanschauungen und allen Menschen guten Willens."[70] Es läßt sich daraus ableiten, daß der **Mensch (!)** über allem steht: Die einzig auf der Tatsache des Menschseins beruhende Menschenwürde und die Gewissensfreiheit über jede Göttliche Offenbarung, über das göttliche Recht und die göttliche Autorität sich erhebend, denn im Vatikanum II heißt es noch: "Alles ist auf der Erde auf den Menschen hingeordnet als seinen Mittelpunkt." Als einige Konzilsväter den

Text ergänzt wissen wollten mit der Aussage: "... und der Mensch auf Gott als seinen Mittelpunkt", wurde dies mit der Begründung abgelehnt, daß dann nicht mehr alle Menschen diese Aussage annehmen könnten."[70]

Auf der Würzburger Synode (1971 - 1975) unter dem Vorsitz des 1976 verstorbenen Kardinals Döpfner, verabschiedeten die Synodalen folgende Aussage, die angenommen wurde: "Christus war zwar kein Narr oder Rebell; aber er sah beiden zum Verwechseln ähnlich."[70] Später wurden die Dokumente aus Würzburg von Rom anerkannt.

Lustiger, Erzbischof von Paris, von Johannes Paul II. zum Kardinal ernannt, sagte vor der Presse, er habe nie seinen jüdischen Glauben aufgegeben und Konversion -vom Judentum zum Christentum- sei Verrat. Aaron Jean-Marie Lustiger ist Pole und jüdischer Abstammung. Bei seiner Taufe, er war damals vierzehn Jahre alt, erklärte er seinen Eltern vor seinem Weggang zur Taufe, daß er den jüdischen Glauben bewahren wolle. Auch wolle er unter dem Vornamen Aaron getauft werden, um damit seine levitische Herkunft (das heißt dem Stamme Levi angehörig) auszudrücken. (dies nach seinem eigenen Bekenntnis). Für Lustiger sind beide Religionen (die jüdische und die christliche) nur eine einzige. Für ihn hat der neue Bund, der durch Christus gegründet wurde, den sinaitischen Bund nicht beendet. Das erlaubt ihm zu sagen, daß Jesus nur ein Prophet von Israel gewesen sei, gekommen, um den Heiden das Licht des jüdischen Messianismus zu bringen. Von daher ist die katholische Kirche nichts anderes als ein zweitrangiges Mittel, bestimmt dazu, die Menschen in den Judaismus zu geleiten, eine Häresie, die von der ganzen christlichen Tradition verurteilt wird.[71]

Der Schweizer Kapuziner Professor Walbert Bühlmann bekundet in einem Artikel des Baseler Pfarrblattes, "daß sich die Einzigartigkeit und Absolutheit Christi nicht theologisch beweisen läßt."[72]

Um Professor Bühlmann fair zu beurteilen muß man bedenken, daß Johannes Paul II. als erster Papst in der Geschichte der Kirche am 13.04.1986 die Synagoge in Rom besuchte.[73] (Dieser Synagogenbesuch war allerdings nicht der erste des Karol Wojtyla, der, als er noch Kardinal war, bereits der Synagoge in Krakau seine Aufwartung machte). In einer, in der römischen Synagoge, gehaltenen Rede entdeckte Johannes Paul II. in den immer noch ungläubigen Juden, die die Gottessohnschaft Christi leugnen, die "älteren Brüder der unwissenden Katholiken" !![74] Aber auch schon vorher, 1980 in Mainz, sagte Johannes Paul II., daß Gott den alten Bund nicht gekündigt habe.

Schon längst hat die Haltung Johannes Paul II. Anlaß dazu gegeben, einen Katholiken wählen zu lassen entweder häretisch oder schismatisch zu sein. Romano Amerio hat in den 636 Seiten seines Werkes "Iota unum, studio delle variazioni della Chiesa Cattolica nel secolo XX" die -nicht erschöpfende- Summe der Wahlmöglichkeiten aufgestellt. (Diese italienische Originalausgabe ist seit 1986 erschienen bei Ricciardi, Mailand-Neapel, die französische Übersetzung Iota Unum, étude des variations de l'Eglise catholique au XXième siècle in den Nouvelles Editions Latines, Paris).[74] Ein Katholik "muß optieren entweder für die ja bereits definierte Ungültigkeit der anglikanischen Priesterweihen (Leo XIII., Apostolisches Schreiben Apostolicae curae vom 13.9.1886) oder der heutigen Ausrichtung der Kirche, aufgrund derer im Jahre 1982 zum erstenmal ein römischer Papst in der Kathedrale von Canterbury an einem anglikanischen Ritus teilnahm und die Menge zusammen mit dem Primas dieser häretischen und schismatischen Sekte segnete, einem Laien-Primas, der in der Begrüßungsansprache unwidersprochen für sich den Titel des Nachfolgers des hl. Augustinus in Anspruch nahm, des katholischen Evangelisators des katholischen England. (Gemeint ist hier der hl. Augustinus von Canterbury, der als Bischof durch den hl. Papst Gregor d. Gr. zur Evangelisierung von Großbritannien ausgesandt worden war. Augustinus landete 597 mit etwa vierzig Missionaren an der englischen Küste. Er errichtete sein Kloster in Canterbury. Augustinus starb am 26. Mai 604)."

" Er (ein Katholik) mußte wählen zwischen der Geschichtlichkeit der Evangelien, welche »**die heilige Mutter Kirche in fester und absolut ständiger Weise bekräftigt hat und bekräftigt... und ohne Zaudern bezeugt**« und der gegenwärtigen Ausrichtung der Kirche, die in dem am 24. Juni 1985 durch die Päpstliche Kommission für die religiösen Beziehungen zum Judaismus veröffentlichten Dokument diese Geschichtlichkeit mit Eklat leugnet." (OR v.24./25.6.1985).

"Er (ein Katholik) mußte wählen zwischen dem ersten Gebot: 'Du sollst keine anderen Götter neben Mir haben' samt der seit der Erlösung für alle Menschen bestehende Pflicht, Gott den ihm **»im Geist und in der Wahrheit«** geschuldeten Kult zu erweisen, und der gegenwärtigen Ausrichtung der Kirche, aufgrund derer auf Einladung eines römischen Papstes in den katholischen Kirchen von Assisi sämtliche, auch die schlimmsten Formen von Aberglauben praktiziert wurden von dem falschen Kult der Juden, die in der Zeit des Heils Gott zu ehren beanspruchen, indem sie seinen Christus leugnen, bis zum Götzendienst der Buddhisten, die ihr lebendiges Idol anbeteten, das dort saß mit dem Rücken zum Tabernakel, wo das brennende ewige Licht die wirkliche Gegenwart Unseres Herrn Jesus Christus bezeugte. (Avvenire v. 20.10.1986. Der Dalai Lama wird als Reinkarnation Buddhas betrachtet).

"Er (ein Katholik) mußte optieren zwischen dem katholischen Dogma 'außer der Kirche kein Heil' und der gegenwärtigen Ausrichtung der Kirche, die in den nichtchristlichen Religionen 'Wege zu Gott' sieht und als 'ebenfalls ehrwürdig' selbst die -polytheistischen Religionen erklärt! (OR vom 17.9.1986, Eléments pour une base Théologique de la Journée Mondiale de Prière pour la Paix, s. auch Civiltà cattolica v. 20. April 1985, Le Christianisme et les religions non-Chrétiennes.)"

"Er (ein Katholik) mußte optieren zwischen der ständigen Lehre der Kirche, nach welcher Häretiker und/oder Schismatiker 'außerhalb der katholischen Kirche' sind,a) und der gegenwärtigen Ausrichtung der Kirche, nach der zwischen den 'verschiedenen christlichen Konfessionen' nur ein Unterschied 'an Tiefe' und an 'Fülle der Gemeinschaft'besteht b) und folglich die verschiedenen häretischen und/oder schismatischen Sekten 'zu respektieren' sind **'als Kirchen und kirchliche Gemeinschaften'**.c) (a. Kompendium der christlichen Lehre des hl. Pius X., Mediatrix-Verlag, Wien 1981, S.117, Nr. 225. b. OR v. 17.9.1986. c. Begrüßungsansprache des Papstes an die "Christen" in der Kathedrale S. Rufino in Assisi, OR vom 27./28.10.1986)[74]

Selbstredend sollte die Veranstaltung in Assisi vom 27. Oktober 1986 nicht ein einzelnes Ereignis dieser Art sein und bleiben, (Steigerungen natürlich vorbehalten!). So wurden auch parallel zu Assisi auf Diözesan- und Pfarreiebene ähnliche "Friedenstreffen" mit Protestanten und Vertretern nichtchristlicher Religionen durchgeführt. Auch auf diesen untergeordneten Ebenen soll regelmäßig und immer intensiver die Erfahrung des Betens und Glaubens mit Protestanten, Juden, Mohammedanern, Buddhisten, Hindus, Naturreligionen usf. verwirklicht und gepflegt werden.

Hierzu das Programm für ein solches Treffen in der Erzdözese Mecheln-Brüssel am 24., 25. und 26. Oktober 1986, herausgegeben von dem Erzbischof von Brüssel.

Freitag, 24. Oktober:

**Gebetsnacht** in allen Pfarreien. Eine Broschüre von 'Pax Christi' mit einem Muster für die Gebetsnacht wurde von der Erzdiözese an die Pfarrer geschickt.

Die Texte enthielten:

a) für die Vlämischsprechenden (Broschüre 'Der Friede erfordert die Solidarität aller' -Beilage zu 'Pastoralia', dem offiziellen Amtsblatt der Erzdiözese Mecheln-Brüssel, Oktober 1986, mit einem Begleitbrief des Generalvikars R. Goffinet:
- Lesung aus dem Propheten Isaias (S. 4-5)
- aus dem Propheten Michäus (S. 5)
- aus "den heiligen Büchern der Hindu" (S. 5)
- aus dem Koran (S. 6)

b) für die französischsprechenden (Broschüre 'Assisi 27. octobre 1986 -Gebetstag der Religionen um den Frieden. Führer für Reflexion und liturgische Anregung)
- "Meditieren mit den Muselmanen" (S. 4)
- "Meditieren mit den Buddhisten" (S. 6)
- "Beten mit den Protestanten" mit einem Text von Martin Luther (S. 12)

- "Meditieren mit den Mennoniten (...), dem gewaltlosen Flügel der Wiedertäuferbewegung, die zwischen 1523 und 1525 aus einer Opposition gegen Zwingli im Rahmen der Zürcher Reform entstanden ist." (S. 14)

Samstag, den 25. und Sonntag, den 26. Oktober 1986 **"Sonntägliche Zelebration"** "daß dabei der Gedanke an und die Sorge um den Frieden gegenwärtig seien."

In der Broschüre für die französischsprechenden legt die Erzdiözese als **"Einführung in die Zelebration"** folgendes vor (S. 7):

"(...) Beginnen wir damit, anzuerkennen, daß wir, so oft wir denken und urteilen wie die Pharisäer, im Stand der Sünde sind, weil dies so ist, als ob wir Gott zu uns herziehen würden, so als wollte man die Hand auf ihn legen. Nun besitzen wir aber Gott nicht, selbst die katholische Kirche nicht. Gott gehört allen..."

**"Bitte um Vergebung."**

"Über unser gutes Gewissen, das uns die Ursache unserer Übel auf die Arbeitslosen, die Eingewanderten oder Kommunisten schieben und uns dem Pharisäer gleichen läßt - Herr, erbarme dich!

Über unsere Eigentümermentalität, die in uns die Gewißheit unterhält, die Wahrheit zu besitzen, und uns hindert, sie zu suchen mit allen, die den katholischen Glauben nicht teilen - Herr, erbarme dich!"[75]

# V. Die neue Religion Johannes Paul II.

Wie der Vatikan und die Presse vermelden, sollen gemeinsame, an einem Ort gleichzeitig abgehaltene Treffen aller Religionen in Zukunft eine Dauereinrichtung werden. So hat sich Johannes Paul II. mit anderen dafür eingesetzt, das nächste Welttreffen der Religionen, welches nach Assisi folgen sollte, im größten Buddhistischen Heiligtum Japans abzuhalten.

Wenige Monate nach Assisi war es so weit. Am 3./4. August 1987 feierten die japanischen Buddhisten den zwölfhundertsten Gründungstag der Buddhistischen Tendai-Schule und des Enrya Kuji-Tempels auf dem Berg Hiei bei der japanischen Kaiserstadt Kyoto.

Mit dieser Feier wurde die Fortsetzung des interreligiösen "Friedensgebetes" verbunden, das auf die Initiative Papst Johannes Paul II. am 27. Oktober 1986 in Assisi zum ersten Male stattgefunden hatte. Die Religionsvermischung ist durch diese Koppelung noch deutlicher geworden. Da Johannes Paul II. für das Jahr 1987 keine weitere Reise mehr einplanen konnte, vertrat ihn bei diesem Anlaß eine vatikanische Delegation unter der Leitung des Kurien-Kardinals Arinze, des Präsidenten des vatikanischen Sekretariats für Nichtchristen. Johannes Paul II. richtete ein Grußwort an die Teilnehmer in Kyoto: "Meine Gedanken sind bei dieser Begegnung."

Um 15³⁰ Uhr japanischer Zeit, das heißt um 8³⁰ Uhr mitteleuropäischer Zeit, eröffnete die große Glocke des Buddha-Tempels auf dem Berg Hiei und alle Gongs der buddhistischen Tempel in Einheit mit allen katholischen Kirchen im Lande, das "Friedensgebet". Ebenso erklangen gleichzeitig die Kirchenglocken in Assisi, und auch jene von St. Peter in Rom sollten läuten. Letztere aber blieben unprogrammgemäß stumm. Tags darauf entschuldigte man sich von verantwortlicher Seite für diese organisatorische Panne.[76]

Auch in Kyoto sprachen die Vertreter des Buddhismus, des Konfuzianismus, des Shintoismus, der Sikhs, der neueren religiösen Bewegungen Japans, des Islam, des Judentums und des Christentums je ihre "Friedensgebete". Wieder haben damit die christlichen Teilnehmer vor der ganzen Weltöffentlichkeit das erste Gebot Gottes übertreten und die Vielgötterei anerkannt. Allen voran Johannes Paul II.,[77] als vordergründiger Initiator dieser interreligiösen Treffen.

Wiederum zwei Monate später, am 28. Oktober 1987, fand ein neuer Religionskongress statt. Diesesmal in Rom selbst, und zwar in einem der ältesten Gotteshäuser der Ewigen Stadt, des ältesten Marienheiligtums Roms überhaupt, Santa Maria in Trastevere. Außer verschiedenen Religionsführern nahmen von katholischer Seite teil der Primas von Polen, Kardinal Glemp, der Erzbischof von Mailand, Martini, der Kurienkardinal Silvestrini und der Rektor der Lateran-Universität.

Den verschiedenen Weltreligionen wurden die Seitenkapellen mit deren Altären für die falschen Kulte, das heißt, für die Anrufung ihrer jeweiligen Götzen, zur Verfügung gestellt. Anschließend wurden die Beter von Johannes Paul II. in Privataudienz empfangen.

Wieder muß hier der Eindruck gewonnen werden, und er wird sich dauerhaft einprägen, daß sich der eine Gott (persönlich oder unpersönlich, von der Schöpfung verschieden oder mit dieser identisch) in allen Religionen gemäß den verschiedenen Kulturen und Zeiten offenbart. Folglich sind für diesen Gott alle Religionen Wege zum Heil.[78]

So ist denn auch unter dem Titel "Ein Gott - viele Religionen: Gegen den Absolutheitsanspruch des Christentums" im Jahre 1988 im Kösel-Verlag, einem Verlag, der einst zu den katholischen zählte (oder noch gezählt werden will?) ein Buch des nordamerikanischen Professors Paul F. Knitter, erschienen. Die amerikanische Originalausgabe hatte den Titel: "No other Name? A critical survey of christian toward world religions" (= Kein anderer Name? Ein kritischer Überblick über christliche Einstellungen gegenüber den Weltreligionen").

Knitter ist Professor an der von den Jsuiten gegründeten Xavier Universität in Cincinnati in den Vereinigten Staaten von Nordamerika. Knitter selbst ist Priester, Mitglied der Gesellschaft des Göttlichen Wortes (= Steyler Missionar, SVD), und inzwischen verheiratet mit Cathy Cornell. Die ursprüngliche englische Version des Buches wurde im

Verlag der Maryknoll-Missionare herausgegeben, was beweist, daß der Verfasser im Einklang mit der römisch-ökumenischen Kirche ist.

Das Buch ist hervorgegangen "aus Vorlesungen für Anfänger und Fortgeschrittene an der Xavier Universität in Cincinnati und an der Katholischen Theologischen Union in Chicago. Es ist als einsemestriger Universitätskurs für katholische Studenten gestaltet.

Der Kerninhalt des Buches ist in seinem Untertitel ablesbar.

Knitter geht es darum, den Absolutheitsanspruch des Christentums beiseite zu schieben. Der Anspruch des Christentums, die einzige wahre, gottgewollte Religion und der Anspruch der Katholischen Kirche, die einzige wahre Kirche zu sein, außerhalb derer kein Heil ist, werden als unberechtigt und zeitlich überholt bezeichnet. Der Ausgang für Knitters Erörterungen bildet der religiöse Pluralismus, wie ihn heute jeder mehr denn je erkennen kann, und wie er bereits vielerorts praktiziert wird.[79]

Folglich wurde jüngst nun auch in Mainz die Deutsche WCRP-Sektion gegründet. Zum erstenmal trafen sich dort Vertreter der Deutschen Sektion der "Weltkonferenz der Religionen für den Frieden." Diese Versammlung soll die inhaltliche Vorbereitung auf die im Jahre 1989 in Melbourne/Australien stattfindende Weltkonferenz der WCRP einleiten.[80]

Aber auch in Assisi bleibt man weiterhin höchst aktiv und betriebsam. Vom 7. bis 12. August 1988 nahmen sechshundert Vertreter verschiedener Konfessionen an einem Vorbereitungstreffen für das im Jahre 1990 geplante ökumenische "Friedenskonzil" teil. Der Name "Friedenskonzil" wurde mit Rücksicht auf die katholische Kirche inzwischen in "Weltkonferenz für Gerechtigkeit, Frieden und Bewahrung der Schöpfung" geändert. So hieß auch das Thema in Assisi. Die Konferenz wurde organisiert vom Franziskanerorden, "Justitia et Pax", "Pax Christi", pazifistischen Bewegungen der protestantischen Kirche und sogenannten "ökumenischen Bewegungen". Die Verantwortlichen berufen sich hierbei auf das von Johannes Paul II. am 27. Oktober 1986 nach Assisi einberufene Weltgebetstreffen der Religionen für den Frieden. Der geistige Urheber des "Friedenskonzils", Carl Friedrich von Weizsäcker, ist einer der Wortführer der New Age-Bewegung und Vordenker des Planes einer Weltreligion. Kardinal, Dr. Franz König, richtete ein Grußwort an die Teilnehmer des "Friedenskonzils".[81]

Assisi scheint den Triumph der Freimaurer zu bringen, die schon Ende des neunzehnten Jahrhunderts vorhatten, die Revolution "in Tiara und Chorrock" zu machen.

So erklärte sich ein Freimaurer bereits kurz nach dem Konzil: "Lassen Sie nicht die Rede zu, daß die Freimaurerei die Gegenkirche ist, denn das ist nur eine vorläufige Redeweise. Im Grunde will die Freimaurerei eine 'Superkirche' sein, eine Kirche, die alle anderen vereinigt, (...)

Katholiken, Orthodoxe, Protestanten, Muselmanen, Hindus, Buddhisten, Freidenker, gläubige Denker - das sind für uns (Traditionsfreimaurer) alles nur Vornamen; der Familienname ist Freimaurerei!" (Yves Marsaudon, "L-Oecuménisme vu par un franc-macon de tradition." = übersetzt: "Der Ökumenismus in den Augen eines Traditionsfreimaurers."; Paris, 1964 S. 126).[82]

Wie sehr steht dem entgegen, was in Kapitel 20 des Exodus zu lesen ist. Nachdem Gott seinem Volk verboten hat, fremde Götter anzubeten, fügt er die Worte hinzu: "Ich bin der Herr, dein Gott, der starke und eifersüchtige Gott, der die Bosheit der Väter in den Söhnen heimsucht bis ins dritte und vierte Geschlecht derer, die mich hassen", und in Kapitel 34 hört man: "Bete keinen fremden Gott an: ein eifersüchtiger Gott, das ist der Name des HERRN."

Es ist recht heilsam, daß Gott eifersüchtig bedacht ist auf das, was ihm gehört und zwar von aller Ewigkeit her, eifersüchtig bedacht auf sein unendliches, ewiges, allmächtiges Sein, eifersüchtig bedacht auf seine Ehre, seine Wahrheit, seine Liebe, eifersüchtig darin, der alleinige Schöpfer und Erlöser zu sein und daher der Zweck aller Dinge, der einzige Weg des Heils und des Glücks aller Engel und aller Menschen, eifersüchtig darin, das Alpha und das Omega zu sein.

Die katholische Kirche, von ihm gegründet und der er alle seine Schätze des Heils übergeben hat, ist ebenfalls eifersüchtig bedacht auf die Vorrechte ihres einzigen Meisters und Herrn und lehrt alle Menschen, daß sie sich zu ihr wenden und durch sie getauft werden müssen, wenn sie gerettet werden und an der Glorie Gottes in der seligen Ewigkeit teilnehmen wollen. Die Kirche ist also wesentlich missionarisch. Sie ist wesentlich eine, heilig, katholisch, apostolisch und römisch.

Sie kann nicht zugeben, daß es eine andere wahre Religion außer ihr gibt, sie kann nicht zugeben, daß man außerhalb ihrer einen Heilsweg finden kann, sie identifiziert sich mit ihrem Herrn und Gott der gesagt hat: "Ich bin der Weg, die Wahrheit und das Leben."

Sie hat daher einen Abscheu vor jeder Gemeinschaft oder Verbindung mit den falschen Religionen, mit Häresien und den Irrlehren, die die Seelen von ihrem Gott entfernen, der der einzige und alleinige Gott ist. Sie kennt in ihrem Schoß nur die Einheit, gleich ihrem Gott...."[83]

Assisi dagegen hat die zentrale Forderung der liberalen Religionsbewegungen seit Chicago nach inhaltlicher Toleranz, Aufgabe des exklusiven Absolutheitsanspruches, gegenseitiger Anerkennung und Gleichberechtigung aller Religionen erfüllt. Die von Johannes Paul II. dargelegte ökumenische Haltung der Kirche hat nicht die Gemeinschaft im Glauben als Voraussetzung, sondern die angenommene Gnadengemeinschaft aller. **Das Absehen von der katholischen Wahrheit führt stillschweigend und klammheimlich zu einer neuen Religion,** die die theologische Grundlage für das gemeinsame Gebet aller Konfessionen bildet.[84]

Nach Johannes Paul II. ist dies "eine Vorwegnahme dessen, was Gott sehen möchte, eine brüderliche Wanderung, auf der wir uns gegenseitig begleiten zum transzendenten Ziel, das er uns gesetzt hat." (Schlußansprache in Assisi).

Es ist müßig zu fragen, welches dieses transzendente Ziel ist, jedenfalls nicht das Reich Gottes, das Jesus Christus verkündet und gebracht hat. Hier sind für Johannes Paul II. die religiösen Unterschiede zweitrangig, die tiefere Wirklichkeit ist die Menschlichkeit. Denn ungefähr die Hälfte der in Assisi vertreten gewesenen Religionsführer waren ja Nichtchristen, lehnen Christus also ab. Und der Papst ist auch i h r Sprecher.[85] Häufig ist das zu konstatieren. In seiner traditionellen Weihnachtsansprache (1986) vor der vatikanischen Kurie, erinnerte Papst Johannes Paul II. an das erste Friedenstreffen von Religionsführern aus aller Welt am 27. Oktober (1986) in Assisi, der Stadt des heiligen Franziskus. Der Papst erklärte, daß die Lage der Welt am Vorabend des Weihnachtsfestes 1986 in sich eine nachdrückliche Aufforderung sei, den "Geist von Assisi" wiederzufinden und lebendig zu halten, "denn er ist Grund zur Hoffnung für die Zukunft." Nach diesem "Geist von Assisi" sei DIE EINHEIT DER MENSCHEN WICHTIGER ALS DIE UNTERSCHIEDE DER RELIGIONEN (!!).[86] (hervorgehoben vom Verfasser). Der Papst verwies auf das Zweite Vatikanische Konzil (1962-1965), nach dessen Dokumenten alle Menschen, ungeachtet ihrer Rasse, geographischen Herkunft oder geschichtlichen und kulturellen Erfahrungen, dem Plan Gottes unterworfen seien. Demgegenüber seien Differenzen aufgrund unterschiedlicher Religionszugehörigkeit wenig wichtig. Aus dem Treffen von Assisi folgere ein "tieferes Verständnis des Friedens und einer neuen Art sich für den Frieden einzusetzen..."[87]

Es ist geschmacklos aber bezeichnend für die Kirche nach dem Zweiten Vatikanischen Konzil, den "Geist von Assisi", will sagen, den des heiligen Franziskus, umzudeuten und in einen Pseudoökumenismus in der Art einer allumfassenden Familiengemeinschaft zu verfälschen. Wenn alle heidnischen Religionen zu Gott beten, ist der Unterschied zwischen den Göttern und ihrem Götzendienst und der einzig wahren Religion aufgehoben. Damit ist die wahre Religion -der katholische Glaube- liquidiert, das heißt, man hat sich vom Glauben losgesagt. Die Kirche aber muß zurückblicken auf ihre geistige Erfahrung, und sie ist verpflichtet diese zu berücksichtigen, das heißt, das Evangelium ohne Abstriche oder Veränderungen zu vertreten!

Zu keiner Zeit in der Historie der Kirche wurde von einem *Papst* die These vertreten, daß die nichtchristlichen Religionen legitime Heilswege und verschiedene Offenbarungsweisen Gottes seien.

"In Anerkennung der 'friedensstiftenden Kraft' ihrer Gebete konnten die nichtchristlichen Religionen auch die

Anerkennung der metaphysischen Realität und Geschichtsmacht **Ihrer** Numina durch den Papst erblicken!"[88]

Wem der Wirkungsbereich eines Papstes, das heißt, des Stellvertreters Jesu Christi auf Erden, zugewiesen ist, für den reicht es nicht aus, am Ende seines irdischen Lebens zu sagen: "Optima voluisse sat est!", "Das Beste gewollt zu haben, das genügt."

"Der Bürger des wahren Jerusalem kann nicht ein Bündnis schließen mit Babylon, und es ist unvereinbar, die Gnade des Herrn zu suchen und zu besitzen, und zugleich die Freundschaft seiner erklärten Feinde; denn niemand konnte und kann je zwei Herren dienen, die sich feindlich gegenüber stehen; Licht und Finsternis, Christus und Belial können nicht vereint werden." (Lehre der Himmelskönigin an Sr. Maria von Jesus von Agreda in "Mystische Stadt Gottes", 3. Buch, 22. Hauptstück, Nr. 282)[89]

Kann man nicht allein schon angesichts der bisherigen Ausführungen verstehen, wenn zunehmend immer mehr Katholiken heute die Frage stellen, ob wir überhaupt noch einen rechtgläubigen Papst haben?

# VI. Die neue Religion Johannes Paul II. und die Mission

Mit Johannes Paul II. kam eine Entwicklung zum Durchbruch, deren schleichende Anfänge sich in der Vergangenheit verlieren, die aber, sobald sie ruchbar geworden war, von den Vorgängern Johannes Paul II. (bis Oktober 1958) pflichtgemäß bekämpft worden ist. Noch Papst Pius XI. hat in seiner Enzyklika "Mortalium animos" vom 6.1.1928 das Tun und eine Orientierung wie in Assisi am 27. Oktober 1986 eingeschlagen, scharf verurteilt. (s. Anhang).

Ohne auf die fundamentalen Irrtümer, die seit Jahren hartnäckig von Johannes Paul II. vertreten werden, näher einzugehen, genügt es, nur an seine Ansprache vom 21. September 1986 zu erinnern, in der er die unannehmbare Behauptung aufstellt, daß **alle** (!) in Assisi Anwesenden, also auch die Vertreter der heidnischen Religionen, ihr "Gebet gemäß ihrer je eigenen religiösen Tradition **Gott** darbringen". Diese Annahme ist völlig unzutreffend! Denn wenn, um es nocheinmal zu sagen, die Heiden gemäß ihrer "eigenen religiösen Tradition" beten, dann beten sie, zwingend nicht zu dem einen wahren, lebendigen und trinitarischen Gott, sondern zu ihren nichtigen Götzen. Aber gerade das leugnet Johannes Paul II. und behauptet, daß sie zu **Gott** beten. Täten sie das wirklich, dann wäre ihr Gebet kein Götzendienst mehr, sondern Gottesdienst! Mit dieser Voraussetzung abstrahiert Johannes Paul II. von der

Wirklichkeit und stellt die sophistische Gleichung auf: **Götzendienst ist gleich Gottesdienst!** Das besagt ganz konkret, daß es keinen Götzendienst mehr gibt, sondern nur noch Gottesdienst, womit dann der wesentliche Unterschied zwischen heidnischem Götzendienst und dem einzig wahren christlichen Gottesdienst aufgehoben ist! Hieraus wiederum ergibt sich zwangsläufig in Konsequenz, daß es nicht mehr angängig ist, zwischen den vielen heidnischen Religionen und der einen wahren Religion Jesu Christi zu unterscheiden. Johannes Paul II. hebt diesen Unterschied auf und gibt damit den Absolutheitsanspruch der einen wahren Religion preis. Denn wenn alle Religionen wahr sind, dann bedeutet das, **daß alle Religionen gleichberechtigte und gleichwertige Wege zu Gott,** also, **legitime Heilswege** sind. Wäre dies tatsächlich der Fall, dann hätte der Missionsbefehl, den Jesus Christus seiner Kirche gegeben hat, und der von dieser, seit den Tagen der Apostel an, bis heute in aller Welt befolgt und getreulich erfüllt wurde, nie einen Sinn, nie seine Rechtfertigung und nie eine Gültigkeit gehabt! Somit wäre jede Missionierung bis dato unrechtmäßig gewesen! Die überlieferte Mission hat somit grundsätzlich jede Existenzberechtigung verloren. Sie muß, folgerichtig, ab sofort liquidiert werden! Genau das hat Johannes Paul II. bereits verbal getan, als er in vorstehend erwähnter Rede vom 21. September 1986 erklärte, daß die "radikale Treue zu den jeweiligen religiösen Traditionen heute mehr denn je ein Erfordernis des Friedens ist." Der "Stellvertreter Christi" fordert die Heiden auf, um des Friedens willen (der aber nicht der Friede Christi ist) ihren "religiösen Traditionen" radikal treu zu sein und zu bleiben. Das heißt, mit anderen Worten, die Nichtchristen sollen ihrem Irrtum weiterhin anhangen, sie sollen den christlichen Glauben nicht annehmen und sie sollen sich nicht taufen lassen. Mit diesem Ansinnen tritt ein Papst, der sich "Stellvertreter Christi" nennt, in den schärfsten Gegensatz zu Jesus Christus und setzt dessen eindeutigen Missionsauftrag prinzipiell außer Kraft. De facto hat also der Papst als Stellvertreter Christi abgedankt und an Stelle der Religion Jesu Christi *seine* **Neue Religion** gesetzt. Diese Tatsache ändert sich auch dadurch nicht, daß die Verfechter der Neuen Religion Johannes Paul II. noch von "Mission" sprechen, denn ihr Missionsbegriff ist völlig wesensverschieden von dem, wie ihn Jesus Christus und das Neue Testament verstehen und dies auch deutlich zum Ausdruck bringen.

Wie aus dem offiziellen vatikanischen Dokument "Dialog und Mission" aus dem Jahre 1984 hervorgeht, ist "Mission" für die neue Religion Johannes Paul II. gleichbedeutend mit Dialog.

"Nach Kardinal Ratzinger ist der richtige Dialog derjenige, der auf die Wahrheit zugeht. Wer das nicht tut, der bleibt im Relativismus, das heißt in der Haltung, die keine objektive Wahrheit anerkennt, stecken. Was ist das aber für eine Wahrheit auf die Ratzinger zugehen will? Ist es die katholische Wahrheit? Wohl kaum, denn dann könnte es doch keinen Dialog der Religionen miteinander, sondern nur Mission geben, die Seelen retten will. Man kann ja nur in der Wahrheit gerettet werden, die unser Heiland und Erlöser Jesus Christus allein der Katholischen Kirche vermachte. So bedeutet die Wahrheit bei Ratzinger schließlich auch nichts anderes als etwas, das alle Religionen gemeinsam umfaßt. Daher ist Ratzingers Versuch, dem Relativismus auszuweichen, nur eine verdeckte Form eines **schlimmeren** Relativismus, nämlich eines Relativismus, der das Gemeinsame aller Religionen als "Wahrheit" im Dialog anzusteuern sucht. Dabei aber wird Christus, die Wahrheit schlechthin (Joh. 14,6), allein am Kreuze gelassen, während man mit allen Vertretern der Welt und der Dämonie im "Dialog" zu verhandeln sucht."[90]

Das Wesen des Dialogs wurde von Dr. Rudolf Graber, dem früheren Diözesanbischof von Regensburg, realistisch interpretiert. Graber sagte -sinngemäß- "Durch den Dialog mit der Schlange im Paradies kam die Sünde in die Welt."

Die wahren Jünger Jesu müssen die neue Religion Johannes Paul II. in radikaler Treue zu Jesus Christus entschieden ablehnen. Sie werden aber demütig und voll Vertrauen ihren HERRN um einen rechtgläubigen Papst bitten. Das gleiche tun auch die Heiligen im Himmel, nicht zuletzt der HEILIGE FRANZ VON ASSISI!

# Anmerkungen

1) Polytheismus: (griechisch), Vielgötterei, Verehrung einer Vielzahl persönlich gedachter Götter.

2) Unter der Freimaurerpyramide der US 1-Dollarnote ist zu lesen: Novus Ordo Seclorum, = Neue Weltordnung. Vgl. Norbert Homuth: "Vorsicht Ökumene - Christen im Strudel der Antichristlichen Endzeitkirche -" D-8500 Nürnberg 81, Postfach 8 10 408, S.4. Frappierend die Ähnlichkeit zwischen Novus Ordo Seclorum und Novus Ordo Missae!

3) Weishaupt, Adam; geb. 6.2.1748, gest. 18.11.1830. Stifter der Illuminaten. Erhielt 1772 eine außerordentliche Professur des Natur- und kanonischen Rechts. Weishaupt war **kein** Jesuit. Er war Jesuitenzögling und besuchte das Jesuiten-Kollegium.

4) Illuminatenbund, Illuminatenorden; (die Erleuchteten), ein am 1. Mai 1776 in Ingolstadt gegründeter geheimer Orden, der Gesellschaft und Kirche nach den Grundsätzen der Aufklärung umgestalten sollte. Der Geheimorden - und im Zusammenhang mit ihm die Freimaurerei - wurde als Urheber der Schreckensherrschaft der französischen Revolution und ihrer Folgen für ganz Europa, bezeichnet. Der Orden wurde 1784 in Bayern verboten, jedoch später wie-

der ins Leben gerufen. Die Illuminaten sind aber wohl weniger ein Orden als vielmehr eine Geistesrichtung.

5) Klug, Ignatius: "Ringende und Reife - Lebensbilder vollendeter Menschen", Paderborn 1955, S.93 f

6) Vgl. J. Dörmann "Die eine Wahrheit und die vielen Religionen Assisi: Anfang einer neuen Zeit" Abensberg 1988, S.126 (Respondeo - Heft Nr.8)

7) Synkretismus: = Vermischung verschiedener Religionen, Konfessionen oder philosophische Lehren, meist ohne innere Einheit; zum Beispiel in der Spätantike die Vermischung orientalischer Religionen mit der römischen Religion.

8) Informationsbrief Nr.120 der "Bekenntnisbewegung Kein anderes Evangelium" 5880 Lüdenscheid, Worthstraße 49; Februar 1987, S.20

9) Ettelt, Wilhelm; "Zur Situation der Katholischen Kirche", Wien 1978, S.23

10) Pantheismus: = Die Lehre nach der Gott nicht außerhalb der Welt existiert, sondern Gott und Welt ein und dasselbe sind.

11) Das Arbeitsmodell der Weltvereinigung ist die Pyramide, die mit ihrer Stufenstruktur den stufenmäßi-

gen Aufbau der Neuen Weltordnung darstellt. Vgl. Anm. 2

12) Vgl. Anm. 8) hier: Nr 125 S.11ff

13) Esoterik bedeutet: nur für Eingeweihte (religiöse Riten, Lehren usw.) bestimmt, geheim.

14) SAKA-Information Nr.9, CH-4011 Basel, Postfach 51; September 1987, S.14f

15) Mysterium Fidei, P. Josef Boxler, CH-4622 Egerkingen (Schweiz) Nr.6 Juni 1988, S.5

16) Vgl. Anm.6, S.128

17) Ebda. S.129

18) Vedanta (Wedanta) (sanskrit = Ende des Weda), auf den Wedischen Upanischaden beruhende philosophische Schule der Brahmanen, die einen vollkommenen Monismus lehrten.

19) Glasenapp, Helmut von: "Die nichtchristlichen Religionen", Fischer Lexikon Nr.1 (Fischer Bücherei) 1957

20) Vgl. Anm.6, S.129

21) Ebda. S.131

22) Ebda. S.132

23) Loyson, Charles; katholischer Theologe, geb. 10.10.1827 in Orleans, gest. 9.2.1912 in Paris. Seit 1859 Karmeliter (Père Hyacinthe). Seine kirchlichen Reformideen führten ihn in Konflikte, die wegen seiner Ablehnung des ersten Vatikanischen Konzils (1870) mit Abkehr von der Kirche endeten.

24) Otto, Rudolf; Deutscher evangelischer Theologe und Religionsphilosoph; geb. 1869, gest. 1937. Professor in Göttingen, Breslau und Marburg; führender Vertreter einer Theologie auf religionsphänomenologischer und vergleichender Grundlage; bedeutsam in seiner Studie über Gestalt und Struktur der religiösen Erfahrung, und seine Konfrontierung der christlichen und indischen Religiosität.

25) Heiler, Friedrich; geb. 30.1.1892, gest. 27.4.1967. Ursprünglich römisch-katholisch, schloß er sich unter dem Einfluß Nathan Söderbloms in Schweden der Lutherischen Kirche an. Seit 1920 Professor für vergleichende Religionsgeschichte und Religionsphilosophie an der theologischen Fakultät in Marburg, 1935-1948 in der philosophischen Fakultät, seit 1953 Leiter der religionskundlichen Sammlung der Universität Marburg. Durch Söderblom angeregt, wurde Heiler zum Wegbereiter der ökumenischen und Una-Sancta-Bewegung. (seit 1930 Vorsitzender der »hochkirchlichen« jetzt »evangelisch-

ökumenische-Vereinigung«), und trat, wie Rudolf Otto, für eine Zusammenarbeit der Hochreligionen ein. Heiler war der Hauptvertreter der vergleichenden Religionswissenschaft.

Söderblom, Nathan; eigentlich Lars Olof Jonathan, geb. 1866, gest. 1931. Schwedisch luth. Theologe. Seit 1901 Professor in Uppsala, 1912 zugleich in Leipzig. 1914 Erzbischof von Uppsala. Mitarbeiter des christlichen-Studenten-Weltbundes und der Mission. Gilt als eigentlicher Gründer der Ökumene. Hatte maßgeblichen Anteil an der liturgischen Erneuerung; erstrebte Einheit der christlichen Kirchen an. Krönte seine ökumenische Arbeit mit der Stockholmer Weltkirchen Konferenz 1925. S. erhielt 1930 den Friedensnobelpreis.

Söderblom war Hochgradfreimaurer, zunächst aber Mazdan-Schüler. Im Jahre 1904 wurde er zum Priester der Feueranbeter im Ahura Mazdan Heiligtum geweiht. Als Illuminat hatte er einen Platz im Rat der 33 und es ist anzunehmen, daß seither immer mindestens ein führendes Mitglied des Weltkirchenrates die Novus Ordo Seclorum mitbestimmt. Von den Vertretern der US-Ökumene weiß man das jedenfalls mit Gewißheit.

Christlicher-Studenten-Weltbund: Gegründet 1895 von John Mott. Mott war Mitglied der Phi Kappa

Society, einer Geheimorganisation mit freimaurerischem Ritus und Verschwiegenheitseid.

Ab 1928 war Visser't Hooft Generalsekretär des Studenten-Weltbundes, später sogar des Weltkirchenrates. Visser't Hooft war ebenfalls Freimaurer, wahrscheinlich nach dem York-Ritus, er war oberster Johanniter-Ritter und Bilderberger.

Visser't Hooft, Willem, Adolf; geb. 1900, niederländischer ref. Theologe; 1948-1966 Generalsekretär des Ökumenischen Rates der Kirchen; Friedenspreis des Deutschen Buchhandels (zusammen mit Augustin Bea) 1966.

Bea, Augustin; geb. 1881, gest. 1968, deutscher Jesuit, Kurienkardinal (seit 1959), seit 1960 Vorsitzender des Sekretariates für die Einheit der Christen.

Bilderberger: streng geheimer Zirkel, in dem sich alljährlich die exklusive Aristokratie trifft. Keine Kommentare, keine Bilder, nur selten eine Zeitungsnotiz. Es ist der Klub der 500, der im Rahmen der Novus Ordo Seclorum politische und wirtschaftliche Direktiven erteilt. Die Zusammenkünfte der "Bilderberger" erfolgt jährlich an einem anderen Ort. Der Name "Bilderberger" hängt zusammen mit dem Ort der ersten Zusammenkunft, dem Hotel Bilderberg in Oosterbeek (Niederlande). Erste Konferenz im Mai 1954. Langjähriger Leiter dieser Gruppe war Prinz

Bernhard, königliche Hoheit der Niederlande. (Prinz Bernhard ist ebenfalls hoher Johanniter-Ritter).(Vgl. hierzu auch teilw. Anm.2 S.6; 24; 57; 66)

26) Vgl. Anm.6 S.135f.

27) Mensching, Gustav; Religionswissenschaftler, geb. 6.5.1901 wurde 1927 Professor in Riga, 1936 Lehrbeauftragter und 1942 Professor in Bonn. Sein Programm einer nichttheologischen streng religionswissenschaftlichen Betrachtung der christlichen Religion und ihre Einfügung in die allgemeine Religionswissenschaft hat er durch seine Arbeiten, besonders zur Phänomenologie und Soziologie der Religionen durchgeführt.

28) Vgl. Anm.6, S.138

29) Ebda. S.138

30) Ebda. S.144

31) Bodhisattva: = Im buddhistischen Schrifttum ein für die Erleuchtung bestimmtes Wesen, zukünftiger Buddha (s.Anm.19, S.67)

32) Brahma: (sanskrit) in der indischen Religion das Absolute, personifiziert als Gott der Schöpfung.

Vishnu: = mächtige Gottheit Indiens; für viele Hindus der höchste Gott, Verkörperung des Prinzips der Welterhaltung.

33) Vgl. Anm.8, hier Nr.128; Juni S.25

34) Vgl. Anm.6, S.144

35) Ebda.

36) Dalai Lama (tibet.) weltliches Oberhaupt des Lamaismus in Tibet; gilt als Reinkarnation eines Bodhisattva, der der Schutzpatron Tibets ist.

Lamaismus, die vor allem in Tibet und der Mongolei herrschende Form des Buddhismus.

37) Reinkarnation: = Wiederverleiblichung, Wiederfleischwerdung (Seelenwanderung).

38) Schintoismus : (sino jap. Shinto = Weg der Götter). Nationalreligion der Japaner; Göttliche Verehrung der Naturkräfte der Ahnen.

39) Sikh (Hindustan = Jünger) Anhänger einer Religionsgemeinschaft deren monotheistische Religion eine Synthese des Islam und des Hinduismus ist. Im 17. Jahrhundert militärisch organisiert.

40) Parsen: heute vor allem in Indien; Zeugnisse ihrer Lehre sind die Feuertempel. Ihre Toten werden auf den "Türmen des Schweigens" ausgesetzt.

41) Vgl. Anm.8, hier Nr.120; Februar 1987, S.21

42) Vgl. Anm.6, S.145

43) Ebda. S.147

44) Numen (lateinisch) Gottheit, göttliche Wesen (als wirkende Macht ohne persönlichen Umriß gesehen).

45) Vgl. Abbé Daniel Le Roux "Pierre m'aimes-tu? Jean-Paul II.: Pape de Tradition ou Pape de la Révolution?" Edition "Fideliter" F-03110 Escurolles S.144 Bild Nr.35 u.36 und: "Mitteilungsblatt der Priesterbruderschaft St. Pius X. für den deutschen Sprachraum" Nr.98, Februar 1987 S.12 Bild oben.

46) Sutra (sanskrit = Leitfaden), systematisch fixierte, autoritative Lehrsätze der religiös-philosophischen Anschauungen Indiens, z.T. bis in wedische Zeit zurückgehend. Bei den Buddhisten und Dschainas sind Sutren (Pali und Prankrit Sutta) bestimmte Abschnitte der kanonischen Schriften.

47) Vgl. Anm.8, hier Nr.120 Februar 1987 S.22

48) Zen (-Buddhismus) (sen... japanisch zen = Meditation), japanische Richtung des Buddhismus, Meditationsschule der Mahajana, die auf die in China im 6. Jahrhundert n.Chr. durch den Inder Bodhidharma begr. Meditationsschule zurückgeht; sie breitete sich im 13. Jahrhundert in Japan aus und erlangte hier überragende Bedeutung (Wirkung bis in die Gegenwart); erstrebt durch Meditation die Überwindung des eigenen Ichs und damit eine Aktivierung der geistigen Kräfte.

49) Vgl. Anm. 6, S. 21

50) Ebda. S. 26

51) Abschnitt des Korans

52) "Einsicht", Juli 1988, S. 43 (D-80079 München, Postfach 100540)
"Der Koran" nach Übertragung von Ludwig Ullmann neu bearbeitet und erläutert von L.W. Winkler; Goildmann Verlag, © 1959; 8. Auflage
Eine einheitliche Zählung der Surenverse gibt es nicht. Das muß beim Heranziehen zu evtl. Vergleichen beachtet werden.

53) Mahajana: (sanskr.) heißt das "große Fahrzeug" zum Heil, und das ist für Geistesgeschichte der buddhistischen Religion von großer Bedeutung. Sie bereicherte den einfachen nüchternen Buddhismus der älteren

Schulen, der fortan "Hinajana" = 'das kleine Fahrzeug' genannt wurde.

54) Bhikschu = (altindisch Bettler). Brahmanen, Bhikschu und Bhikk (Pali) auch buddhistischer Mönch.

Pali: die dem Mittelindischen (indische Sprachen) zuzurechnende Sprache des buddhistischen Kanons u.a. buddhistischen Schriften; Nach Auffassung der Buddhisten auf Ceylon (Sri Lanka) ist Pali die Sprache des Buddha in seiner Heimat Magadha gewesen.

55) Nirvana: aus dem Sanskrit) bedeutet Erlöschen, Verenden, ist gleich völlige selige Ruhe als erhoffter Endzustand des gläubigen Buddhisten (Freisein von der Wiedergeburt).

56) Vgl. Anm. 6, S. 161

57) Dschainas: Angehöriger des Dschainismus (Dschainismus, Jainismus, Jinismus), nach dem Ehrennamen Dschainnah (Sanskrit = Sieger) ihres Gründers benannte indische Religion, deren Zeitrechnung mit dem Todesjahr des Gründers 527 v. Chr., beginnt. Der Religionsstifter war Vardhamana, mit kirchlichem Namen Mahavira (= der große Held) genannt.

58) Vgl. Anm., S. 162

59) Hindu: Dieses Wort ist vom Sanskrit 'Sindhu' abgeleitet. Nach dem Vorbild der mohammedanischen Eroberer werden diejenigen Inder als Hindus be-

zeichnet, die sich nicht zum Christentum, dem Islam oder einer anderen dogmatisch leicht definierbaren Religion bekennen.

60) die Upanischad = altindisch Upanisad 'esoterische Lehre', eigentlich das Sichsetzen zu den Füßen eines anderen, die bei dieser Gelegenheit gemachte vertrauliche Mitteilung. Ist eine Gattung altindischer theologisch-philosophischer Texte von ungleichem Wert und Alter. Sie enthalten die frühesten philosophischen Betrachtungen der Inder.

61) Veda (Weda) sanskrit = Wissen. Gesamtheit des alten religiösen Schrifttums der Inder; die Veden gelten als Offenbarungsschriften übermenschlichen Ursprungs bestimmend für Denken und Handeln der Hindus.

62) Monismus: allgemein eine Lehre, die das Ganze der Welt aus einem einheitlichen Prinzip erklärt (materialistischer Monismus aus der Materie, spiritualistischer Monismus aus einem Geist, auch der Pantheismus).

63) Atman (altindisch = Atem) die zentrale Vorstellung in allen indischen Religionen: Ursprung Atem und Atemkraft, wird Atman zum göttlichewigen Selbst und schließlich identisch mit Brahman als dem göttlichen Selbst der Welt. Das Erlösungsziel, das in den Upanischaden und im Wedanta erstrebt wird, ist die

Vereinigung des individuellen Atman mit dem absoluten Brahman. Atman ist nicht dem gebräuchlichen Begriff Seele gleichzusetzen, da es sich dabei nicht um eine persönliche, sondern um eine unpersönliche Wesenheit handelt, die im Geburtenkreislauf (samsara) fortdauert und wiederverkörpert wird.

64) Shintoismus: Das Wort 'shin- to' bedeutet 'Weg der Götter' und ist die sino-japanische Bezeichnung der Nationalreligion Japans. Göttliche Verehrung der Naturkräfte und der Ahnen. Shin (oder auch shen) bedeutet im chinesischen einen Naturgeist, das Wort 'to ' bedeutet Weg'. Die Zugehörigkeit zum Shintoismus schließt die zum Buddhismus nicht aus.

65) Vgl. Anm.6, S.163

66) Ebda. S.164

67) Vgl. Anm.8, S.22

68) Vgl. Anm.6, S.165

69) Ebda. S.172ff

70) Code; Verlag "Diagnosen", Untere Burghalde 51, D-7250 Leonberg Nr.6 Juni 1987 S.66.

71) SAKA; CH-4011 Basel; Postfach 51, Nr.7/8 Juli/August 1988 S.132

72) Ebda. Nr.4 April 1988 S.71 und P. Franz Schmidberger "Die Bischofskonsekration des 30. Juni 1988", S.15

73) Vgl. Anm.52, hier: März 1988, S.132

74) "Weder schismatisch noch exkommuniziert" aus der Zeitschrift si si no no / "Courrier de Rome"; Titel des Originalaufsatzes: "Ni schimatiques ni excommuniés" "Courrier de Rome", Paris, September 1988. S.3ff.

75) "Mitteilungsblatt" der Priesterbruderschaft St. Pius X. für den deutschen Sprachraum, Nr.97, Januar 1987, S.24 ff

76) Vgl. Anm. Nr.72 "Die Bischofskonsekration......" S.13 f

77) Vgl. Anm.8, Nr.124 Oktober 1987, S.39

78) Vgl. Anm.76, S.14

79) Vgl. Anm.71, Nr.11 November 1988, S.181 ff

80) "Glaube und Leben" Kirchenzeitung für das Bistum Mainz Nr.39/1988 25. September 1988, S.3

81) "Schwarzer Brief"; Nr.32/88 vom 11. August 1988

82) Vgl. Anm.75, Nr.97 Januar 1987, S.24f, und Manfred Adler: "Die antichristliche Revolution der Freimaurerei" Miriam-Verlag, Josef Künzli, D-7893 Jestetten, 1974, S.69 f

83) Marcel Lefebvre "La Lettre Aux Anciens" (aus: "Brief an die Ehemaligen") Nr.5 Juni 88, S.5f hier; Öffentliche Erklärung anläßlich der Bischofsweihe mehrerer Priester der Bruderschaft St. Pius X.

84) Vgl. "Sous la Bannière", No.19 (September-Oktober 1988. Dort heißt es unter **4. "Der Plan von Assisi im Jahre 1920":** Beschreibung eines 68-Jahre alten Werkes, das den Plan der Versammlung aller Religionen in einem jüdischen Synkretismus aufzeichnet. Assisi, finanziert von B'nai B'rith, war schon vor 70 Jahren vorhergesehen.

B'nai B'rith = Söhne des Bundes. Jüdische Freimaurerloge. Wurde 1843 in New York gegründet. Nimmt nur Juden auf. Es kam 1869 zu einer Reorganisation. Der Orden hat Erkennungszeichen und ein Ritual. (Vgl. Internationales Freimaurerlexikon. Unveränderter Nachdruck der Ausgabe von 1932. Amalthea-Verlag.

85) Vgl. Anm.8, Nr.120, Februar 1987, S.22

86) Man wird hier an die Philosophie Feuerbachs erinnert, in der der Mensch das höchste Wesen für den Menschen ist.

87) "Salzburger Nachrichten", 23. Dezember 1986

88) Vgl. Anm.6, S.173

89) Vgl. "Das Zeichen Mariens", Januar A.D. 1989, S.7056 Immaculata-Verlag, Appenzell; 21/22. Jahrgang, Nr.9

90) Vgl. Anm.14, hier Nr.4 April 1988, S.72

# Anhang

# Enzyklika "Mortalium Animos" gegen den falschen Ökumenismus

An Unsere Ehrwürdigen Brüder, die Patriarchen, Primaten Erzbischöfe, Bischöfe und die übrigen Ordinarien, die in Gemeinschaft mit dem Apostolischen Stuhle stehen.

### Papst Pius XI

### Ehrwürdige Brüder!

Gruß und Apostolischen Segen!

1. Wohl zu keiner anderen Zeit hat die Herzen der Menschen ein solcher Eifer ergriffen, das Band der brüderlichen Verbundenheit, durch das wir alle auf Grund unseres gleichen Ursprungs und der gleichen Natur miteinander verknüpft und verkettet sind, zu bestärken und zum Wohl der ganzen menschlichen Gesellschaft immer weiter auszudehnen, als wir es in unseren Tagen beobachten können.

2. Die Völker genießen noch nicht in vollem Maße die Segnungen des Friedens. Ja noch mehr: alte und neue

Zerwürfnisse führen mancherorts zu Aufständen und zu bürgerlichen Streitigkeiten. All die vielen Streitfragen auf dem Gebiete der Ruhe und der Wohlfahrt der Völker können aber nur durch ein einträchtiges Zusammenarbeiten und Zusammenwirken aller derer beseitigt werden, die an der Spitze der Staaten stehen und denen die Leitung und Förderung der Staatsangelegenheiten anvertraut ist. Andererseits zweifelt niemand mehr an der Einheit des Menschengeschlechtes. So versteht man leicht, weshalb so viele den lebhaften Wunsch hegen, die Völker möchten, bewogen durch ihre gemeinsame brüderliche Verbundenheit, die Bande ihrer gegenseitigen Zusammengehörigkeit von Tag zu Tag enger knüpfen.

**Übertragung der politischen Einheitsbestrebungen auf das religiöse Gebiet.**

3. Ganz ähnlich wollen nun einige auch auf dem Gebiete vorgehen, das der von Christus dem Herrn festgelegten Ordnung des Neuen Bundes unterliegt. Durch die Erkenntnis der Tatsache, daß es nur sehr wenige Menschen gibt, denen jeder religiöse Sinn abgeht, glauben sie sich zu der Hoffnung berechtigt, es werde sich bei aller Verschiedenheit der Völker in den religiösen Ansichten doch ohne Schwierigkeit eine brüderliche Übereinstimmung im Bekenntnis gewisser Wahrheiten

als gemeinsamer Grundlage des religiösen Lebens erreichen lassen.

**Falsche Wege zur religiösen Einheit.**

4. Zu diesem Zwecke halten sie vor einer zahlreichen Zuhörerschaft Konferenzen, Versammlungen und Vorträge, zu denen sie alle ohne jeden Unterschied zur Aussprache einladen: Heiden jeder Art und Christen, und endlich auch jene, die unseligerweise von Christus abgefallen sind oder die seine göttliche Natur und seine göttliche Sendung erbittert und hartnäckig bekämpfen.

5. Derartige Versuche können von den Katholiken in keiner Weise gebilligt werden. Sie gehen ja von der falschen Meinung jener aus, die da glauben, alle Religionen seien gleich gut und lobenswert, weil alle, wenn auch in verschiedenen Formen, doch gleichermaßen dem uns angeborenen und natürlichen Sinn Ausdruck geben, durch den wir nach Gott verlangen und uns seiner Oberherrschaft gehorsam unterwerfen.

6. Die Vertreter solcher Ansichten sind nun nicht nur in Irrtum und Selbsttäuschung befangen, sondern sie lehnen auch die wahre Religion ab, indem sie ihren Begriff verfälschen. Auf diese Weise kommen sie Schritt für Schritt zum Naturalismus und Atheismus.

Daraus ergibt sich dann ganz klar die Folgerung, daß jeder, der solchen Ansichten und Bemühungen beipflichtet, den Boden der von Gott geoffenbarten Religion vollständig verläßt.

7. Leichter werden manche durch die Vorspiegelung einer scheinbar guten Sache getäuscht, wenn es sich darum handelt, die Einheit aller Christen untereinander zu fördern. Ist es nicht billig - so sagt man - ja, ist es nicht heilige Pflicht, daß alle, die den Namen Christi anrufen, von den gegenseitigen Verketzerungen ablassen und endlich einmal durch das Band gegenseitiger Liebe verbunden werden? Wie könnte denn jemand die Stirn haben zu sagen, er liebe Christus, wenn er sich nicht nach besten Kräften für die Erfüllung des Wunsches Christi abmüht, der da den Vater bat, daß seine Jünger "eins" seien (Joh. 17,21)? War es nicht auch der Wille desselben Christus, daß seine Jünger daran erkannt und dadurch von allen anderen unterschieden werden sollten, daß sie sich gegenseitig liebten: "Wenn ihr einander liebt, werden alle daran erkennen, daß ihr meine Jünger seid" (Joh. 13,35)? Ja, so fügen sie hinzu, möchten doch alle Christen "eins" sein! Um wieviel erfolgreicher würden sie dann an der Bekämpfung der schleichenden Pest der Gottlosigkeit arbeiten können, die jetzt täglich weiter um sich greift und im Begriff ist, das Evangelium vollständig um seine Kraft und Wirkung zu bringen.

8. So und ähnlich reden in stolzer Sprache jene, die man *Panchristen* nennt. Man glaube nicht, es handle sich bei ihnen nur um vereinzelte kleine Gruppen. Im Gegenteil: sie sind zu ganzen Scharen angewachsen und haben sich zu weitverbreiteten Gesellschaften zusammengeschlossen, an deren Spitze meist Nichtkatholiken der verschiedensten religiösen Bekenntnisse stehen.

9. Ihr Beginnen fördern sie inzwischen so tatkräftig, daß es weithin die Zustimmung des Volkes gefunden hat. Ja, ihre Arbeit hat sogar viele Katholiken angezogen und begeistert, die sich der Hoffnung hingeben, auf diesem Wege lasse sich eine Einheit herbeiführen, wie sie auch wohl den Wünschen der heiligen Mutter der Kirche entspricht. Liegt doch der heiligen Kirche nichts mehr am Herzen, als die verlorenen Söhne wieder in ihren Mutterschoß zurückzurufen und heimzuführen.

10. Unter diesen so verlockenden und einschmeichelnden Worten verbirgt sich aber ein schwerer Irrtum, der die Grundlage des katholischen Glaubens vollständig zerstört und untergräbt.

**Pflicht des Papstes, die Katholiken über diese Irrtümer aufzuklären.**

11. So ermahnt uns denn das Gewissen Unseres Apostolischen Amtes, nicht zuzulassen, daß verderbliche und falsche Meinungen in die Herde des Herrn eindringen. Euch, Ehrwürdige Brüder, und Eure Hirtensorge rufen wir auf, Uns bei der Abwehr dieses Übels hilfreich zur Seite zu stehen. Wir hegen nämlich das feste Vertrauen, daß die Grundsätze, die wir vorlegen, und die Begründung derselben durch die Schrift und das Wort eines jeden von Euch viel leichter in das Volk dringen und besser vom Volk verstanden werden. Aus diesen Grundsätzen sollen dann die Katholiken lernen, wie sie diese Bemühungen beurteilen und welche Stellung sie einnehmen müssen zu all den Versuchen, die darauf hinzielen, alle Christen ohne Unterschied auf jede Weise zu einer großen Einheit zu verbinden.


**Die wahren Grundsätze für eine Wiedervereinigung im Glauben.**

12. Gott, der Schöpfer aller Dinge, hat uns geschaffen, damit wir ihn erkennen und ihm dienen; daraus ergibt sich für unseren Schöpfer ein unumschränktes Recht auf unseren Dienst. Gott hätte zwar dem Menschen zu seiner Leitung nur das Naturgesetz

geben können, das er in das Herz des Menschen einschrieb und dessen Entfaltung er mit seiner gewöhnlichen Vorsehung geregelt hätte.

13. Er zog es jedoch vor, uns Gesetze zu geben, denen wir Gehorsam schulden. Im Ablauf der Zeiten von den ersten Tagen des Menschengeschlechtes an bis auf die Ankunft und die Predigt Christi Jesu lehrte Gott der Herr selbst uns die Pflichten, die dem vernunfbegabten Geschöpfe seinem Schöpfer gegenüber obliegen. "Zu wiederholten Malen und auf mannigfache Art hat Gott einst in den Propheten zu den Vätern gesprochen; am Ende dieser Tage hat er in seinem Sohne zu uns gesprochen" (Hebr.1, 1 f.).

14. Daraus folgt, daß keine andere die wahre Religion sein kann als nur jene, die sich auf Gottes Offenbarung stützt. Diese Offenbarung, die in der Urzeit begann, und die im Alten Bunde fortgesetzt wurde, hat Christus Jesus selber im Neuen Bunde zur Vollendung gebracht. Wenn aber Gott sprach, und daß er sprach, beweist das Zeugnis der Geschichte, dann ist es Pflicht des Menschen, Gottes Offenbarung bedingungslosen Glauben zu schenken und seinen Gesetzen ohne Einschränkung zu gehorchen.

## Gründung einer Kirche durch Christus.

**15.** Damit wir aber zur Ehre Gottes und zum Heile unserer Seele beides in der rechten Weise tun könnten, hat der Eingeborene Sohn Gottes seine Kirche auf Erden gegründet. Alle, die sich Christen nennen, werden so meinen Wir, nicht umhin können zu glauben, daß Christus, der Herr, eine Kirche, und zwar nur eine einzige gestiftet habe. Wenn wir aber weiter fragen, wie diese Kirche nach dem Willen ihres Stifters sein muß, dann sind schon nicht mehr alle einer Meinung. Sehr viele von ihnen leugnen z.B. die Sichtbarkeit der Kirche, wenigstens in dem Sinne, daß sie in der Form einer einzigen Gemeinschaft von Gläubigen in Erscheinung treten müsse, die in der gleichen Lehre unter einem Lehr- und Hirtenamt geeint sind. Im Gegenteil! Unter der Sichtbarkeit verstehen sie nichts anderes als einen aus den verschiedenen christlichen Bekenntnissen bestehenden Kirchenbund, mögen auch die einzelnen Bekenntnisse verschiedene und sogar sich widersprechende Lehren bekennen.

## Aufgabe der Kirche.

**16.** Christus, der Herr, hat aber seine Kirche als selbständige und aus ihrem Wesen heraus sichtbare und äußerlich erkennbare Gesellschaft gegründet. Dieser

Kirche gab er die Aufgabe, das Werk der Erlösung des Menschengeschlechtes bis in die spätesten Zeiten hinein fortzusetzen unter der Führung eines Hauptes (Matth. 16, 18 f. Luk. 22, 32. Joh. 21, 15-17), durch das Lehramt der mündlichen Lehrverkündigung (Mark. 16, 15) und durch die Austeilung der Sakramente, in denen die Quellen himmlischer Gnaden fließen (Joh. 3, 5; 6, 48-59; 20, 22 f.; vgl. Matth. 18, 18; usw.). Darum hat er sie auch in seinen Gleichnissen mit einem Reiche (Matth. 13), mit einem Hause (vgl. Matth. 16, 18), mit einem Schafstall (Joh. 10,16) und mit einer Herde (Joh. 21, 15-17) verglichen.

17. Diese so wunderbar begründete Kirche konnte mit dem Tode ihres Stifters und der Apostel, die ihr die erste Ausbreitung gaben, nicht aufhören und untergehen. Sie hatte ja den Auftrag, alle Menschen ohne Unterschied der Zeit und des Ortes zum ewigen Heile zu führen: "Gehet hin und lehret alle Völker" (Matth. 28,19). Wie kann dieser Kirche bei der ewig sich fortsetzenden Ausübung ihres Amtes etwas an Kraft und Wirksamkeit fehlen, da ihr ja Christus dauernd hilfreich zur Seite steht, der feierlich versprach: "Siehe, ich bin bei euch alle Tage bis ans Ende der Welt" (Matth. 28, 20)?

18. So kann es gar nicht anders sein, als daß die Kirche Christi nicht nur heute und in alle Zeit fortbesteht, sondern sie muß auch heute noch die gleiche sein,

die sie zur Zeit der Apostel war. Sonst müßten wir sagen - was fern von uns sei - Christus der Herr sei nicht imstande gewesen, sein Vorhaben auszuführen, oder er habe geirrt, als er sagte, die Pforten der Hölle würden seine Kirche nicht überwältigen (Matth. 16, 18)

**Falsche Ansichten über die Vereinigung im Glauben.**

**19.** An dieser Stelle müssen wir eine falsche Ansicht erwähnen und zurückweisen, von der diese ganze Frage abhängt, und von der auch die ganze vielgestaltige Arbeit und die Versuche der Nichtkatholiken zur Wiedervereinigung der christlichen Kirchen, die Wir oben erwähnt haben, ihren Ausgang nehmen.

**20.** Die Wortführer dieser Bemühungen führen unzählige Male das Wort Christi an: "Damit alle eins seien" und "Es wird werden ein Hirt und eine Herde" (Joh. 17,21; 10,16). Diese Worte führen sie aber immer so an, als ob darin ein Wunsch und ein Gebet Christi Jesu zum Ausdruck kämen, die noch der Erfüllung warten. Sie sind nämlich der Meinung, die Einheit im Glauben und in der Leitung der Kirche, die ein Kennzeichen der wahren und einen Kirche Christi ist, habe bisher wohl noch zu keiner Zeit bestanden und bestehe auch heute nicht. Man könne diese Einheit wohl herbeisehnen, und sie könne vielleicht auch einmal durch das gemeinsame Wollen aller erreicht werden, aber für unsere Zeit sei sie nur ein schöner Traum.

21. Dem fügen sie hinzu: Die Kirche bestehe aus sich heraus und ihrer Natur nach aus verschiedenen Teilen, d.h. aus den verschiedensten Teilkirchen oder getrennten Gemeinschaften, die jetzt noch getrennt sind, und die, wenn sie auch manche Lehren gemeinsam haben, in anderen doch wieder voneinander abweichen. Alle diese Teilkirchen hätten die gleichen Rechte. Auch sei die Kirche höchstens von der Zeit der Apostel bis zu den ersten ökumenischen Konzilien nur eine einzige und einig gewesen.

Deshalb ergebe sich die Notwendigkeit, so sagen sie, alle Meinumgsverschiedenheiten und all die alten Streitpunkte, die die Christenheit bis auf den heutigen Tag spalten und trennen, vollkommen hintanzusetzen und außer acht zu lassen.

22. Aus den übrigen Lehren müsse eine gemeinsame Glaubensregel aufgestellt und vorgelegt werden, in deren Bekenntnis dann alle die Überzeugung und vor allem das lebhafte Gefühl ihrer brüderlichen Verbundenheit in sich trügen. Diesem allgemeinen Kirchenbunde werde es dann auch möglich sein, in

ernster Arbeit dem stets voranschreitenden Unglauben erfolgreichen Widerstand zu leisten.

23. Hierüber, Ehrwürdige Brüder, herrscht unter ihnen Übereinstimmung. Einzelne gehen dann noch weiter und geben zu, der Protestantismus habe einzelne Glaubenswahrheiten und gewisse an sich gute und nützliche äußere gottesdienstliche Gewohnheiten, die demgegenüber von der Römischen Kirche beibehalten wurden, zu übereilt verworfen. Sie fügen aber gleich hinzu, auch die Römische Kirche habe unrecht gehandelt; sie habe die ursprüngliche Religion verderbt, indem sie einzelne neue Lehren eingeführt und zu glauben vorgestellt habe, die dem Evangelium nicht nur fremd seien, sondern sogar im Widerspruch zu ihm stünden.

24. Zu diesen zählen sie als die wichtigste Lehre vom Jurisdiktionsprimat, der Petrus und seinen Nachfolgern auf dem Römischen Stuhle zuerkannt wird.

In dieser Gruppe gibt es einige, deren Zahl allerdings gering ist, die dem Papst einen Ehrenprimat oder auch eine gewisse Jurisdiktion oder Hirtengewalt zubilligen. Diese beruht aber nach ihrer Ansicht nicht auf göttlichem Recht, sondern gewissermaßen auf der Zustimmung der Gläubigen. Andere gehen noch weiter und wünschen sogar, der Papst solle auf ihren freilich in allen Farben schillernden Konferenzen den Vorsitz führen.

25. Wenn man somit auch viele Nichtkatholiken finden kann, die die brüderliche Gemeinschaft in Christo Jesu mit vollem Munde preisen, so findet sich aber kein einziger, dem es in den Sinn käme, sich der Lehre und der Leitung des Stellvertreters Jesu Christi zu unterwerfen und ihm zu gehorchen. Inzwischen versichern sie jedoch, mit der Römischen Kirche unter Wahrung der Rechtsgleichheit, d.h. als vollständig gleichberechtigte Parteien gerne verhandeln zu wollen. Über eins aber besteht kein Zweifel: Wenn es zu gemeinsamen Besprechungen käme, so würden sie nur in der Absicht verhandeln, daß sie in einem etwa abzuschließenden Übereinkommen nicht gezwungen werden, von den Meinungen abzulassen, die auch heute noch der Grund dafür sind, daß sie als irrende Schäflein außerhalb des einen Schafstalls Christi stehen.

## Stellungnahme des Apostolischen Stuhles zu diesen Einigungsversuchen.

26. Bei dieser Sachlage ist es klar, daß weder der Apostolische Stuhl in irgendeiner Weise an ihren Konferenzen teilnehmen kann, noch daß es den Katholiken irgendwie erlaubt sein kann, diese Versuche zu unterstützen oder an ihnen mitzuarbeiten. Wenn sie das täten, so würden sie einer falschen christlichen

Religion, die von der einen Kirche Christi grundverschieden ist, Geltung verschaffen.

27. Können wir dulden, was doch eine große Gottlosigkeit wäre, daß die Wahrheit, und zwar die von Gott geoffenbarte Wahrheit zum Gegenstand von Verhandlungen gemacht wird? Bei der gegenwärtigen Frage handelt es sich aber darum, die geoffenbarte Wahrheit zu schützen.

Christus Jesus hat doch seine Apostel in alle Welt gesandt, um durch sie allen Völkern den Glauben des Evangeliums zu verkünden, und um sie vor jedem Irrtum zu bewahren, sandte er ihnen vor ihrer Aussendung den Heiligen Geist und ließ sie in alle Wahrheit einführen (Joh. 16,13)

29. Ist nun diese Lehre der Apostel in der Kirche, der Gott selbst als Leiter und Hüter immer zur Seite steht, jemals ganz verloren gegangen oder auch nur einmal verdunkelt worden? Wenn unser Erlöser so klar sagte, sein Evangelium sei nicht nur für das Zeitalter der Apostel bestimmt, sondern für alle Zeiten, konnte dann der Glaubensinhalt im Laufe der Jahrhunderte so verdunkelt oder so unsicher werden, daß man heute auch sich gegenseitig widersprechende Meinungen dulden müßte? Wenn dem so wäre, dann müßte man auch zugeben, die Herabkunft des Heiligen Geistes auf die Apostel und das dauernde Wohnen dieses Geistes in der Kirche,

wie auch die Predigt Jesu Christi hätten schon seit Jahrhunderten alle Wirkung und jeden Nutzen verloren. Das zu behaupten, hieße aber Gott lästern.

30. In Wirklichkeit gab der Eingeborene Sohn Gottes seinen Gesandten den Auftrag, alle Völker zu lehren, und zugleich legte er allen Völkern die Pflicht auf, das anzunehmen, was ihnen durch die "von Gott voherbestimmten Zeugen" (Apostelgesch. 10,41) verkündet würde. Diesem Gebote hat er die Sanktion gegeben: "Wer glaubt und sich taufen läßt, wird gerettet werden, wer aber nicht glaubt, wird verdammt werden" (Mark. 16,16). Dieses Doppelgebot Christi, das Gebot der Lehrverkündigung und das Glaubensgebot, das zur Erreichung des ewigen Heiles den Glauben fordert, muß zu allen Zeiten erfüllt werden. Beide Gebote sind aber ganz unverständlich, wenn die Kirche die Lehren des Evangeliums nicht unversehrt und leicht faßlich vorlegt, und wenn sie bei dieser Glaubensverkündigung nicht von jedem Irrtum frei ist.

31. In dieser Frage gehen auch jene fehl, die da meinen, der Schatz der Glaubenswahrheiten sei zwar irgendwo auf Erden vorhanden, er müsse aber mit so mühsamer Arbeit und mit so langdauernden Studien und Erörterungen gesucht werden, daß ein Menschenleben kaum ausreiche, um diesen Schatz zu finden und sich zu eigen zu machen.

Als ob der allgütige Gott durch seine Propheten und durch seinen Eingeborenen Sohn zu dem Zweck gesprochen habe, daß nur wenige, und zwar erst im vorgerückten Alter die so geoffenbarten Wahrheiten kennen lernen könnten, und nicht, um eine Glaubens- und Sittenlehre vorzulegen, durch die alle Menschen ihr ganzes Erdenleben hindurch sich leiten lassen können.

**Beurteilung der Panchristen und ihrer Lehren.**

32. Es hat zwar den Anschein, als ob die Panchristen, die sich um die Wiedervereinigung der Kirche bemühen, das erhabene Ziel verfolgen, die Liebe unter allen Christen zu verbreiten. Wie könnte aber die Liebe zu einer Schädigung des Glaubens führen? Wir wissen doch alle, daß selbst Johannes, der Apostel der Liebe, der in seinem Evangelium wohl die innersten Geheimnisse des heiligsten Herzens Jesu geoffenbart hat, und der den Seinen das neue Gebot "Liebet einander" immer wieder in Erinnerung brachte, streng jeden Verkehr mit denen verboten hat, die Christi Lehre nicht rein und unverfälscht bekennen: "Kommt einer zu euch und bringt diese Lehre nicht mit, so nehmt ihn nicht ins Haus auf und bietet ihm keinen Gruß" (2. Joh. 11). Weil aber die Liebe nur auf der Grundlage eines reinen und unverfälschten Glaubens aufbauen kann, müssen die Jünger Christi durch die Einheit des

Glaubens als dem vorzüglichsten Band miteinander verbunden werden.

33. Wie sollte man sich also einen Bund der Christenheit denken, dessen Mitglieder auch auf dem Gebiete der Glaubenswahrheiten ihre eigenen Gedanken und Meinungen beibehalten können, selbst wenn diese sich gegenseitig widersprechen? Und wie können, so fragen Wir, Menschen, die ganz gegenteilige Meinungen vertreten, ein und demselben Bund der Gläubigen angehören? Um einige Beispiele zu nennen: Wenn die einen bejahen, die mündliche Überlieferung sei eine rechtmäßige Quelle der göttlichen Offenbarung, während die anderen es leugnen; wenn die einen die Ansicht vertreten, die aus den Bischöfen, Priestern und den übrigen Weihestufen bestehende Hierarchie der Kirche sei von Gott eingesetzt, während die anderen behaupten, sie sei je nach den verschiedenen Zeitbedürfnissen und mannigfachen äußeren Umständen allmählich eingeführt worden? Wenn die einen in der heiligen Eucharistie den durch jene wunderbare Verwandlung des Brotes und des Weines, die Transsubstantiation genannt wird, wahrhaft gegenwärtigen Christus anbeten, während die anderen sagen, der Leib des Herrn sei dort nur durch den Glauben oder im Symbol oder durch eine vom Sakramente ausgehende Kraft gegenwärtig? Wenn die einen in der heiligen Eucharistie ein wahres Opfer und ein wahres Sakrament sehen, während die

anderen in ihr nur ein Andenken und eine Erinnerung an das letzte Abendmahl erblicken? Wenn die einen glauben, es sei gut und nützlich, die mit Christus im Himmel verherrlichten Heiligen und unter ihnen besonders die Gottesmutter Maria, demütig anzurufen und ihre Bilder zu verehren, während die anderen behaupten, eine solche Verehrung sei unzulässig, weil sie gegen die Ehre "des einen Mittlers zwischen Gott und den Menschen" (vgl. 1 Tim. 2,5) verstoße?

34. Wir können nicht sehen, wie bei solchen Meinungsverschiedenheiten ein Weg zur Einheit der Kirche gefunden werden kann, da diese Einheit nur aus der Einheit des Lehramtes und der Einheit der Glaubensregel und der Einheit des Glaubens in der ganzen Christenheit entstehen kann.

35. Wohl aber wissen Wir, daß auf diese Weise leicht der Weg zu einer Geringschätzung der Religion, nämlich zum *Indifferentismus*, und zum Modernismus geebnet wird. Die beklagenswerten Anhänger des Modernismus lehren ja, die Wahrheit der Glaubenssätze sei nicht *absolut*, sondern *relativ*, d.h. sie entspreche den mannigfachen zeitlichen und örtlichen Bedürfnissen und den verschiedenen Neigungen des menschlichen Gemütes, da sie nicht in einer unveränderlichen Offenbarung enthalten sei, sondern dem Leben der Menschen angepaßt werde.

**36.** Außerdem ist es absolut unstatthaft, auf dem Gebiet der Glaubenswahrheiten den von ihnen eingeführten Unterschied zwischen den sogenannten *grundlegenden* und *nichtgrundlegenden* Glaubenswahrheiten zu machen, als müßten die grundlegenden von allen angenommen werden, während die nichtgrundlegenden der freien Zustimmung der Gläubigen überlassen werden könnten. Die übernatürliche Tugend des Glaubens hat doch die Autorität der göttlichen Offenbarung zum inneren Beweggrund, die eine solche Unterscheidung in keiner Weise zuläßt.

**37.** Deshalb müssen alle wahren Anhänger Christi beispielsweise dem Dogma von der Unbefleckten Empfängnis der Gottesmutter Maria genau denselben Glauben schenken wie dem Geheimnis der allerheiligsten Dreifaltigkeit, und sie dürfen die Menschwerdung unseres Herrn nicht anders glauben wie das unfehlbare Lehramt des Papstes, und zwar in dem Sinne, wie es auf dem ökumenischen vatikanischen Konzil festgelegt worden ist.

**38.** Diese Wahrheiten sind deswegen nicht weniger sicher und nicht weniger zu glauben, weil sie zu verschiedenen Zeiten oder auch erst in neuester Zeit von der Kirche feierlich erklärt und verkündet worden sind; denn sie alle sind von Gott geoffenbart worden.

**39.** Das Lehramt der Kirche ist ja nach Gottes Ratschluß auf Erden begründet worden, damit die geoffenbarten Lehren für alle Zeiten unversehrt bewahrt würden und damit sie leicht und sicher zur Kenntnis der Menschen kämen. Wenn dieses Lehramt auch durch den Papst und die mit ihm in Gemeinschaft stehenden Bischöfe durch die tägliche Lehrverkündigung ausgeübt wird, so hat es doch auch die Aufgabe, unter gewissen Feierlichkeiten und mit klaren Lehrformeln eine Glaubensentscheidung vorzunehmen, so oft sich die Notwendigkeit ergibt, den Irrtümern und Angriffen der Irrlehrer wirksam entgegenzutreten, oder den Gläubigen einzelne Wahrheiten der heiligen Lehre klarer und eingehender erklärt vorzulegen.

**40.** Durch die Ausübung dieses außerordentlichen Lehramtes werden keine neu erfundenen Lehren eingeführt, es wird auch nicht dem von Gott der Kirche anvertrauten Glaubensschatze etwas Neues hinzugefügt, was nicht wenigstens einschlußweise immer darin enthalten war, sondern es wird nur eine Wahrheit, die bisher noch einigen dunkel erscheinen konnte, eingehender erklärt, oder es wird eine Wahrheit als Glaubenssatz festgestellt, über die bisher noch bei einigen Meinungsverschiedenheiten bestanden.

## Der einzige Weg zur Einheit des Glaubens: Anschluß an die wahre Kirche Christi.

**41.** Aus alledem ist es klar, Ehrwürdige Brüder, aus welchen Gründen der Apostolische Stuhl niemals die Teilnahme der Seinigen an den Konferenzen der Nichtkatholiken zugelassen hat. Es gibt nämlich keinen anderen Weg, die Vereinigung aller Christen herbeizuführen, als den, die Rückkehr aller getrennten Brüder zur einen wahren Kirche Christi zu fördern, von der sie sich ja einstens unseligerweise getrennt haben.

**42.** Zu der einen wahren Kirche Christi sagen Wir, die wahrlich leicht erkennbar vor aller Augen steht, und die nach dem Willen ihres Stifters für alle Zeiten so bleiben wird, wie er sie zum Heile aller Menschen begründet hat.

Die mystische Braut Christi ist ja im Laufe der Jahrhunderte niemals befleckt worden, und sie kann nie befleckt werden nach den schönen Worten Cyprians: "Zum Ehebruch läßt sich die Braut Christi nicht verführen, sie ist unbefleckt und züchtig. Nur ein Haus kennt sie, die Heiligkeit eines Schlafgemaches bewahrt sie in keuscher Scham" (Über die Einheit der katholischen Kirche. Kap. 6). Dieser heilige Märtyrer wunderte sich deshalb auch mit Fug und Recht, wie jemand glauben konnte, "diese der göttlichen Festigkeit entstammende und mit himmlischen Geheimnissen engverbundene Einheit könne bei der Kirche zerrissen und durch den Widerstreit einander widerstrebender Meinungen aufgelöst werden" (a.a.O.). Der mystische Leib Christi, das ist die Kirche, ist ja eine Einheit (1. Kor. 12,12), zusammengefügt und zusammengehalten (Eph. 4,16) wie der physische Leib Christi, und so ist es unpassend und töricht zu sagen, der mystische Leib könne aus getrennten und zerstreuten Gliedern bestehen. Wer mit dem mystischen Leib Christi nicht eng verbunden ist, der ist weder ein Leib desselben, noch hat er einen Zusammenhang mit Christus, dem Haupte (vgl. Ephes. 5,30; 1,22).

**43.** In dieser Kirche Christi kann niemand sein und niemand bleiben, der nicht die Autorität und die Vollmacht Petri und seiner rechtmäßigen Nachfolger anerkennt und gehorsam hinnimmt. Haben denn nicht die Väter jener, die in den Irrtümern des Photius und der Glaubensneuerer befangen sind, dem Bischof von Rom als oberstem Seelenhirten Gehorsam geleistet? Aber Gott sei es geklagt: Die Kinder haben das Vaterhaus verlassen, dieses aber ist deshalb nicht zusammengefallen oder untergegangen, da es durch Gottes Beistand auf immer in seinem Bestande erhalten wird.

## Ruf des Papstes an alle getrennten Christen zur Heimkehr ins Vaterhaus.

**44.** So mögen sie wieder heimkehren zu ihrem gemeinsamen Vater, der das Unrecht, das sie dem Apostolischen Stuhle angetan haben, längst vergessen hat, und der sie mit liebevollem Herzen aufnehmen wird. Wenn sie sich, wie sie sagen, mit Uns und den Unsrigen vereinen wollen, warum beeilen sie sich dann nicht, wieder zur Kirche zu kommen, "der Mutter und der Lehrerin aller Christgläubigen" (4. Konzil vom Lateran, Kap.5)?

**45.** Sie alle mögen hören auf Laktanz, der da sagt: "Nur ... die katholische Kirche hat die wahre Gottesverehrung bewahrt. Sie ist der Quell der Wahrheit, die Wohnung des Glaubens, der Tempel Gottes; wenn jemand nicht in sie eintritt, oder wer aus ihr austritt, der begibt sich der Hoffnung des Lebens und des Heiles. Schmeichle sich doch niemand mit hartnäckigem Festhalten an Streitpunkten. Denn es geht um sein Leben und sein Heil; und wer nicht mit Vorsicht und Sorgfalt für sein Heil sorgt, der hat es verwirkt und verloren" (Göttliche Unterweisungen 4,30, 11-12).

**46.** Zum Apostolischen Stuhle also, der in dieser Stadt aufgerichtet ist, die die Apostelfürsten Petrus und Paulus mit ihrem Blute geweiht haben, zu diesem Sitze, der "die Wurzel und der Mutterschoß der katholischen Kirche" (Cyprian, Brief 48 an Cornelius 3) ist, mögen die getrennten Söhne kommen, nicht in der Absicht und Hoffnung, "die Kirche des lebendigen Gottes, die Säule und Grundfeste der Wahrheit" (1. Tim. 3,15) werde die Reinheit ihres Glaubens aufgeben und Irrtümer dulden und zulassen, sondern im Gegenteil, um sich ihrem Lehramt und ihrer Führung zu überlassen.

**Gebet des Papstes um Heimkehr der getrennten Söhne.**

**47.** O möchte doch uns durch eine gütige Vorsehung das gelingen, was so vielen Unserer Vorgänger nicht gelungen ist, daß Wir all die Söhne, deren durch frevelhaftes Beginnen entstandene Trennung Wir tief bedauern, in väterlicher Liebe wieder umarmen können! O möchte doch Gott, unser Erlöser, "der da will, daß alle Menschen gerettet werden und zur Erkenntnis der Wahrheit kommen" (1.Tim. 2,4), Uns hören, da Wir so inständig zu ihm flehen, er möge alle Irrenden zur Einheit der Kirche zurückführen!

**48.** In diesem so bedeutungsvollen Anliegen wenden wir uns flehentlich um Fürsprache an die allerseligste Jungfrau Maria, die Mutter der göttlichen Gnade, die Besiegerin aller Irrlehren und die Hilfe der Christen; und es ist unser Wunsch, daß auch alle anderen zu ihr beten, damit sie uns doch möglichst bald die so ersehnte Stunde erflehen möge, in der alle Menschen auf die Stimme ihres göttlichen Sohnes hören und "die Einheit des Geistes durch das Band des Friedens bewahren" (Ephes. 4,3).

**49.** Ihr seht, Ehrwürdige Brüder, wie sehr diese Frage Uns am Herzen liegt, und auch alle Unsere Kinder sollen das erfahren, so ist Unser Wunsch, nicht nur die, die schon zur katholischen Kirche gehören, sondern auch alle, die von Uns getrennt sind. Wenn diese in demütigem Gebet das Licht vom Himmel erflehen, dann werden sie ohne Zweifel die eine wahre Kirche Jesu Christi erkennen und dann in sie eintreten und mit Uns in vollkommener Liebe verbunden sein.

**50.** In dieser Erwartung geben Wir Euch, Ehrwürdige Brüder, Eurem Klerus und Eurem Volke in herzlicher Liebe den Apostolischen Segen zum Unterpfand göttlicher Gaben und als Zeugnis Unseres väterlichen Wohlwollens.

Gegeben zu Rom, bei St. Peter, am 6. Januar, am Feste der Erscheinung des Herrn, im Jahre 1928, im sechsten Unseres Pontifikates.

## PAPST PIUS XI.

Im Verlag Anton A. Schmid, Verlags-Programm: Pro Fide Catholica, Postfach 22, D-87467 Durach, sind erschienen:

## Freimaurersignale in der Presse
- Wie man sie erkennt und was sie bedeuten

*Joh. Rothkranz, 247 Seiten, 34,90 DM*

Ungefähr neun Zehntel aller geheimen Nachrichten und Befehle der Synagoge Satans werden über Massenmedien, **hauptsächlich durch Signalphotos in der Presse**, weitergegeben. Dem ahnungslosen Zeitungsleser sagen diese Bilder nichts; den Logenbrüdern und anderen Eingeweihten sagen sie sehr viel ...

Um die Kunde von ihrer Logen-Mitgliedschaft, aber auch anderweitige geheime Botschaften nicht gar zu auffallend zu plazieren, haben sich die «Brüder» eine ganze Palette von harmlos wirkenden Hand- und Blickgesten einfallen lassen. Nur wer diese Geheimsignale kennt und sorgfältig beachtet, wird aus der Zeitung erfahren, was in Politik, Wirtschaft, Kultur und sogar im Sport (!) **wirklich** gespielt wird. Das vorliegende Werk versetzt Sie in den Stand, die geheimen Botschaften der «Insider» in den Zeitungen und Nachrichtenmagazinen mitzulesen!

Sie werden anhand zahlloser Originalbeispiele schrittweise - wie in einem Lehrbuch - **in das sichere Erkennen und zuverlässige Entschlüsseln** freimaurerischer Signal-Photos eingeführt!

Sie werden künftig **auf den ersten Blick** erkennen, wer der Satanssynagoge angehört, welche politischen, wirtschaftlichen, religiösen Schachzüge ihr besonders wichtig sind, welche anscheinend bloß zufälligen «Ereignisse» in Wirklichkeit von ihr gesteuert werden, etc.!

Sogar beim Durchblättern älterer Jahrgänge Ihrer Zeitungen oder Nachrichtenmagazine wird es Ihnen mit einem Mal **wie Schuppen von den Augen fallen** ...

Erstmals liegt hier ein **sachkundiger «Leitfaden»** zum sofortigen Erkennen und leichten Entziffern aller Arten freimaurerischer Signalphotos vor!

Das übersichtlich gegliederte Buch ist mit **zahllosen aktuellen Beispielen** durchgehend illustriert. Lehrreich selbst für jene, die glauben, sich auf diesem Gebiet schon auszukennen! Eine Fundgrube für jeden «Laien»!

## Der Vertrag von Maastricht - Endlösung für Europa
*Johannes Rothkranz, Band 1: 352 Seiten, 32 Bildtafeln, 29,80 DM*
*Band 2: 368 Seiten, 32 Bildtafeln, 29,80 DM*

Ob diese Schrift ein exzellenter Polit-Knüller oder ein hochbrisanter Polit-Krimi ist, mag der Leser entscheiden. Jedenfalls kommt sie geradezu fünf Minuten vor Zwölf, um den ahnungslosen Europäern mit überzeugenden Argumenten klarzumachen, was mit ihnen und dem Abendland geplant ist. Es ist ein verruchter Plan, der mit Hilfe des sog. Vertrags über die Europäische Union vom 7. Februar 1992 die europäischen Völker endgültig und total den finsteren, weltweit organisierten Mächten ausliefern soll, deren vorrangiges Ziel die „Zerstörung des Christentums, der Nationalität und der Freiheit in Europa" ist, wie ein erleuchteter ehemaliger Chefkorrespondent der „Times" bereits 1948 schrieb. Der Autor legt mit diesem Buch den schmutzigen Plan der Endlösung für Europa im Detail offen. Ob er damit die schlafenden Europäer noch motivieren kann, ihre regierenden Polit-Marionetten, die zum Teil mit pathologischer Hartnäckigkeit den geplanten epochalen Zerstörungsprozeß „unumkehrbar" machen wollen, rechtzeitig in die Wüste oder zum Teufel zu schicken? (Dies freilich nicht mit roher Gewalt, sondern nur mit legitimen „demokratischen" Mitteln, versteht sich.) Alles in allem gebührt dem Autor Anerkennung und Dank, hat er sich doch um die Völker Europas verdient gemacht. Bleibt nur zu wünschen, daß die Europäer auch seine Schrift mit gebotenem Ernst lesen und die notwendigen Konsequenzen ziehen.

## JA zu Europa, heißt NEIN zu Maastricht
*Johannes Rothkranz, 32 Seiten, 4,80 DM*

Es ist und bleibt eine geschichtlich feststehende Tatsache, daß der Sanhedrin (Hohe Rat) den menschgewordenen, wahren Gott Jesus Christus zum Tode verurteilt hat und ihn durch die gehaßten Gojim (Römer) kreuzigen ließ.

Genau so ist es eine geschichtlich feststehende Tatsache, daß der heutige „Sanhedrin" das vom Glauben an Jesus Christus geprägte freie Europa und das, was von seiner christlichen Substanz noch übrig ist, mit Hilfe zeitgenössischer politischer Gojim radikal vernichten will.

Ja, mehr noch! Schon 1945 hat der wissende amerikanische Jude Henry H. Klein in der aufsehenerregenden Schrift „The Sanhedrin produced

World Destruction" behauptet, daß der Sanhedrin dabei ist, die ganze Welt zu zerstören. Da aber dieses Ziel nicht auf einen Schlag, sondern nur schrittweise, in Etappen erreicht werden kann, muß die härteste Nuß zuerst geknackt werden, d. h. die Zerstörung Europas hat also Priorität. Johannes Rothkranz hat in seinem großangelegten zweibändigen Werk über den „Vertrag von Maastricht – Endlösung für Europa" mit unwiderlegbaren Argumenten aufgezeigt, daß das teuflische Machwerk von Maastricht die verruchten Ziele der antichristlichen „Feinde aller Menschen" verfolgt. Ihr letzter Großangriff will die freien europäischen Nationalstaaten und das Christentum, auf das sie gegründet sind, vernichten, um nach der freimaurerischen Devise „Ordo ab Chao" (Ordnung aus dem Chaos) die „Neue Weltordnung" der Söhne Weishaupts im „Neuen Zeitalter" (New Age) errichten können. Johannes Rothkranz hat uns darüber bereits in seiner Trilogie „Die kommende Diktatur der Humanität" ausführlich und überzeugend informiert.
In dieser neuen und kleineren Schrift legt er noch einen beachtlichen Nachtrag vor. Mit zum Teil neuen Argumenten gibt er in fünf Thesen noch einmal der Überzeugung Ausdruck, daß der Vertrag von Maastricht das Ende des freien und christlichen Europa bedeutet und deshalb entschieden abgelehnt werden muß.
Ob die Europäer, die durch einen geschichtlich einmaligen Bevölkerungszusammenbruch – vor allem in Deutschland – ihren eigenen Untergang längst beschlossen haben, dem zukünftigen Schicksal noch entrinnen können, ist fraglich.
Ohne radikale Umkehr zu Christus ist die kollektive Sklaverei im „Vereinten Europa" und in der kommenden „One World" unvermeidlich.

## Die kommende „Diktatur der Humanität" oder die Herrschaft des Antichristen
*Johannes Rothkranz, 3 Bände*

1. Band: **Die geplante Weltdemokratie in der „City of Man"**
*133 Seiten und 16 Bildtafeln, kart., 16,80 DM*

1940 erschien in den USA ein kleines Buch mit hochbrisantem Inhalt. Unter dem Titel „The City of Man – die Stadt des Menschen" wurde darin der geheime Plan der Mächte hinter den Kulissen propagiert und die unausweichliche politische Vereinigung der ganzen „Weltdemokratie" bzw. „Diktatur der Humanität" unter einer einzigen Weltregierung angekündigt. Es war das erste Mal, daß der uralte Plan für die Errichtung eines totalitären Weltstaats von seinen Urhebern selber offengelegt wurde. Obwohl die Vorbereitungen für den diktatorischen Weltstaat in unserem Jahrhundert auf Hochtouren laufen, oder vielmehr gerade deswegen, hat man den Plan für die „City of Man" damals rasch wieder verschwinden lassen. Der vorliegende Band jedoch stellt den Plan in seinen Einzelheiten vor, enthüllt seine Hintergründe und präsentiert seine Hintermänner. Besonders aufschlußreich ist die ausführliche Behandlung aller dreizehn Stufen der Geheimen Hierarchie der „Wissenden", die den Plan entworfen haben und im Verborgenen zielstrebig an seiner Verwirklichung arbeiten. Wer sich über die wirklichen Hintergründe der internationalen Politik und der gegenwärtigen weltpolitischen Entwicklungen informieren will, kommt an diesem im wahrsten Sinne des Wortes „enthüllenden" Werk nicht vorbei.

## 2. Band: **Die Weltherrscher der Finsternis in Aktion**
*237 Seiten und 32 Bildtafeln, kart., 21,80 DM*

Aufbauend auf den im ersten Band gewonnenen Einsichten in die Struktur und Zielsetzung der geheimen Satanshierarchie zeigt dieser Band ganz konkret auf, wie weit der Plan der Geheimen Oberen schon gediehen war, als sie ihn 1940 für einen kurzen Augenblick aufdeckten, und welche ungeheuren Fortschritte die Erbauer der „City of Man" in den letzten fünfzig Jahren bis hinein in die unmittelbare Gegenwart gemacht haben. Der Leser lernt u. a. die beiden Weltkriege von einer ganz anderen Seite her kennen und erfährt, daß die gegenwärtige „Friedensbewegung" unmittelbar der Vorbereitung des längst geplanten dritten Weltkrieges dient, der endgültig alle Hindernisse für die Weltdiktatur beseitigen soll.

## 3. Band: **Die vereinten Religionen der Welt im antichristlichen Weltstaat**
*259 Seiten und 16 Bildtafeln, kart., 21.80 DM*

Für die geheimen Oberen ist der geplante Weltstaat unabtrennbar von der ihn stützenden und tragenden totalitären Ideologie, die als „Religion der Humanität" bzw. „Religion der Demokratie" verbrämt wird. Diese Religion soll aus dem Zusammenschluß aller großen Weltreligionen hervorgehen, die dabei ihres traditionellen Charakters weitgehend entkleidet werden. Zentrum der Bestrebungen zur Vereinigung aller

Religionen zur künftigen Welteinheitsreligion des Antichristen ist die am straffsten organisierte Religion: die katholische Kirche mit ihrer einzigartigen religiösen Integrationsfigur, dem Papst. Der dritte Band weist anhand in der Öffentlichkeit größtenteils unbekannter Fakten und Informationen nach, daß spätestens seit dem II. Vatikanischen Konzil im Vatikan die Geheimen Oberen regieren, die sich in ständig steigendem Maß der katholischen Kirche als ihres wichtigsten Instruments zur Durchsetzung nicht bloß der Welteinheitsreligion sondern auch der Weltdiktatur bedienen.

## Wußten Sie schon...?
*Mag. theol. Johannes Rothkranz, 32 Seiten, 3.– DM*

Hinter dieser Allerweltsfrage verbergen sich in der vorliegenden Schrift außerordentlich wichtige, aber leider so gut wie unbekannte zeitgeschichtlich-politische Tatsachen. 28 logisch aufeinanderfolgende in ihrem Zusammenhang wahrhaft erschütternde Thesen lassen schlaglichtartig die erschreckende Wahrheit hinter dem uns allen bis zur Stunde noch vorgegaukelten geschönten Geschichtsbild des 20. Jahrhunderts aufleuchten. Wegen der ungeheuren Brisanz dieser verschwiegenen Tatsachen hat der Autor mit äußerster Sorgfalt aus über jeden Zweifel erhabenen Quellen geschöpft. Er liefert deshalb mit dieser Schrift zugleich eine Zitatensammlung von kaum zu überschätzendem Wert.

## 666 - die Zahl des TIERES
*Johannes Rothkranz, 107 Seiten, viele Abb. broschiert, 13,90 DM*

Wer sie nicht tragen will, auf seiner Hand oder Stirn, der kann nicht mehr kaufen oder verkaufen! Wer sie aber trägt, bekennt sich damit zur Anbetung SATANS - ihm droht gemäß der Apokalypse (14. Kapitel, Verse 9-10) die ewige Höllenstafe! Die Rede ist von der "Zahl des Tieres" (Apokalypse, 13. Kapitel, Verse 16-18), der Zahl 666. Versteckt lauert sie schon seit Jahren hinter dem sogenannten EAN-Code, dessen Streifen inzwischen fast sämtliche Konsumartikel bedrohlich "verzieren".
Aber die Hintermänner dieses wahrhaft teuflischen, perfekten Kontrollsystems holen jetzt zum letzten Schlag aus. Überall in Europa **und darüber hinaus** "testen" sie ihr elektronisches "Zahlungs"-System. Dieses Jahr - 1996 - auch in Deutschland, in den Städten Ravensburg und Weingarten. **Anschließend soll es sofort in ganz Deutschland einge-**

**führt werden!** Vorerst noch mittels Chipkarten. Doch in der malaysischen Hauptstadt Singapur ließ man bereits 1988 die Katze aus dem Sack: 10 000 Einwohnern dieser Millionenstadt wurde ein Vierteljahr lang probeweise ein elektronisch ablesbares Malzeichen auf das Handgelenk und die Stirn verpaßt, mittels dessen sie nunmehr kaufen und verkaufen mußten, rund um die Uhr perfekt kontrolliert von einem Zentralkomputer!

**Wollen** wir uns das wirklich gefallen lassen, als freie Bürger in einem freien Land? **Dürfen** wir uns das überhaupt gefallen lassen, als gläubige Christen? Aufklärung und Warnung tun dringend not, bevor es zu spät ist. Diese Schrift liefert beides!

## Die „öffentlichen" Meinungsmacher
*Johannes Rothkranz, 30 Seiten, 3,80 DM*

Man nennt sie die „vierte Macht" im Staat: die modernen Massenmedien. Tatsächlich kann der politisch - gesellschaftliche Einfluß von Fernsehen und Rundfunk, Film und Presse kaum überschätzt werden. Wer an den Schalthebeln dieser Medienmacht sitzt, bestimmt nämlich über die Inhalte dessen, was wir die „öffentliche" Meinung nennen.

Öffentlich bekannt sind allerdings außer dieser „öffentlichen" Meinung selbst gewöhnlich nur ihre treuen Diener, nicht jedoch ihre wahren Urheber. Gewiß kennen wir die Namen der Chefredakteure, Moderatoren, Korrespondenten und Kommentatoren, doch sie alle sind ja bloß bezahlte Angestellte und tun, was ihre Bosse von ihnen erwarten. Wer aber sind diese Medienbosse?

Die vorliegende, glänzend recherchierte Schrift gibt die Antwort. Wer sie gelesen hat, weiß endlich, warum „Volkes Stimme" in der „öffentlichen Meinung" längst nicht mehr wiederzuerkennen ist; er versteht jetzt, warum seit vielen Jahren aus allen Medienkanälen unisono und unaufhörlich ein ohrenbetäubend lautes Loblied auf die vom Volk abgelehnte „Multikultur" erschallt; er begreift mit einem Mal, warum in der „öffentlichen Meinung" ganz überwiegend christlicher Völker der authentische christliche Glaube nicht bloß nicht mehr vorkommt, sondern seit Jahrzehnten unablässigen Angriffen jeder nur denkbaren Art ausgesetzt ist.

Des Rätsels Lösung: Warum sollten ausgerechnet notorische Antichristen in der von ihnen kontrollierten Medienmaschinerie christliche Stimmen zu Wort kommen lassen? Oder wie kämen ausgerechnet notorische One-World-Vorkämpfer dazu, in der von ihnen gesteuerten

„öffentlichen Meinung" für die Erhaltung der nationalen Identität der Völker einzutreten? *Sie* sind *keine* Masochisten! Aber wir ihr lammfrommes Publikum?

## Herren und Sklaven des XX. Jahrhunderts
*Traian Romanescu, 186 Seiten, 19,80 DM*

Der Kommunismus ist angeblich "tot". Aber seine vormaligen geistigen und machtpolitischen Hintermänner leben nach wie vor mitten unter uns. Sie haben nur ihre Taktik geändert, nicht jedoch ihr strategisches Ziel: die Weltherrschaft. Die offiziellen Geschichtsbücher wie auch die Massenmedien haben von Anfang an und bis zum Schluß beharrlich verschwiegen, welche hintergründige Macht den Sowjetkommunismus seinerzeit auf den Schild gehoben hatte - und ihn zuletzt aus rein taktischen Gründen (vorerst) fallen ließ. Sie haben uns ebenso beharrlich vorenthalten, welche verborgene, radikal antichristliche Macht in Wirklichkeit für die jahrzehntelange, unvorstellbar grausame "kommunistische" Christenverfolgung hinter dem eisernen Vorhang verantwortlich war und ist.
Der Rumäne Traian Romanescu durchbrach 1956, nachdem ihm die Flucht in den "freien Westen gelungen war, diese Mauer verlogenen Schweigens. Sein 1962 ergänztes, seitdem in mehrere Sprachen übersetztes und immer wieder neu aufgelegtes Werk ist inzwischen zu einem "Klassiker" der wahrheitsgemäßen Geschichtsschreibung des 20. Jahrhunderts geworden. Es liegt nun endlich auch in deutscher Sprache vor. Romanescu verfügte über außergewöhnliche Detailkenntnisse, was die wahre Identität und ideologische Zielsetzung der führenden "Kommunisten" in der Sowjetunion und sämtlichen ihrer Satellitenstaaten betraf. Als wachsamer Beobachter der politischen Szenerie im "kapitalistischen Westen eignete er sich auch hier rasch ein weit überdurchschnittliches, erstaunlich präzises Wissen um die wahren Herren hinter der Bühne und ihr geheimes Zusammenspiel mit dem vorgeblichen "Feind" im Osten an. Der besondere Wert seines Buches liegt in der genialen Verflechtung einer ausgebreiteten Kenntnis zahlloser öffentlich kaum bekannter Einzelinformationen mit einem klaren Erfassen und Durchschauen der weithin verborgenen Zusammenhänge. Zahlreiche wichtige Mosaiksteine für die Rekonstruktion der wirklichen Geschichte unseres Jahrhunderts finden sich exklusiv in diesem Werk.

## Die Freimaurer und der Vatikan
*Pfr. Manfred Adler, 196 Seiten, 19,80 DM*

Ziel der Freimaurerei ist die Errichtung einer Weltdiktatur und einer Weltreligion. Um diese universale Religion der Humanität Wirklichkeit werden zu lassen, muß die einzig wahre Religion als die die katholische Kirche sich versteht, verschwinden. Mittels des Dialogs soll die Führung der Kirche im Freimaurersinn umfunktioniert werden. Dieses Buch gibt einen Überblick und detaillierten Einblick in den freimaurerisch-kirchlichen Dialog der letzten Jahrzehnte. Die bisher vorliegenden Ergebnisse dieses Dialogs sind in mehr als einer Hinsicht bestürzend.

## Die Freimaurerei als politischer Faktor
*Manfred Jacobs; 121 Seiten, 12,80 DM*

Seitens der Logen wird behauptet, die Freimaurerei sei politisch nicht interessiert und somit unpolitisch. Sie (die Freimaurerei) wolle lediglich, auf idealistisch-edle Weise, den Menschen zum Menschen machen. Wer sich bemüht, an die Wurzeln der hereingebrochenen geistigen Katastrophe vorzudringen, kommt zu anderen Erkenntnissen. Die politische Praxis der Freimaurerei, ihr politisch ausschlaggebendes Mitwirken an folgenschweren Ereignissen und einschneidenden Entwicklungen, wird offenkundig.
Gewagte Theorien und ungerechtfertigte Anschuldigungen werden in dieser Schrift nicht vorgetragen. Die gebrachte Darstellung möchte zum Verstehen der politischen Praxis beitragen und die Beziehung der Freimaurerei zur politischen Wirklichkeit vorstellen.
Ein Anspruch auf Vollständigkeit wird nicht gemacht.

## Die Wahrheit über die Handschriften vom Toten Meer
*Etienne Couvert, 159 Seiten, 18,80 DM*

Etienne Couvert, Jahrgang 1927, ist seit dreißig Jahren Professor für klassische Philologie an der Universität von Lyon, seiner Heimatstadt. Er hat sich der christlichen Philosophie und der Religionsgeschichte gewidmet.
Unter dem Eindruck der inneren Zersetzung der Kirche gründete er mit Freunden die "Société Augustin Barruel" (62, rue Sala, F- 69002 Lyon), ein Studien- und Forschungszentrum über das Eindringen und die Entwicklung der Revolution im Christentum.

Das vorliegende Buch stellt aus seiner Trilogie über die Gnosis (erschienen 1983 bis 1993) das Kapitel über die Schriftrollen von Qumran als eigenen Druck vor. Prof. Couvert entwickelt hier eine ganz ungewohnte Sichtweise der Gemeinde und Lehre von Qumran, die eine völlige Abkehr von der bisherigen Qumrandiskussion bewirken muß, dankenswerterweise aber gleichzeitig auch die christentums–feindlichen Hintergründe und Ziele der bisherigen Akzentsetzung enthüllt.

## So erobert der Islam Europa
*Manfred Jacobs, 234 Seiten, 22,80 DM*

„Das Christentum und der Islam sind zwei grundverschiedene Welten. Sie schließen sich gegenseitig aus was ihre Theologie, Kosmologie und Anthropologie angeht.
Mohammed ist der Prophet der Gewalt des Kampfes und des Krieges. In seinem Testament hinterließ er seinen Anhängern den Auftrag zur Bekämpfung der Ungläubigen, das heißt, der Nichtmuslime, die Verpflichtung zur Ausbreitung des islamischen Gesellschafts- und Machtbereichs als die Machtsphäre Allahs. Den Kämpfern des Islam geht es primär um die Unterwerfung der Ungläubigen. Der Koran läßt hieran keinen Zweifel: „Tötet die Ungläubigen wo ihr sie findet; ergreift sie, bedrängt sie und setzt euch in jeden Hinterhalt gegen sie."
Politische Geschichtsfälschungen steuern das Ziel an, die Menschen glauben zu machen, Islamisten könnten auf eine fast tausendjährige Tradition verweisen, in denen sie mit Angehörigen anderer Religionsgemeinschaften in Harmonie und Eintracht lebten. Der Blick in Historie und Gegenwart zeigt jedoch ein Bild, das jeden Betrachter erschrecken und aufrütteln muß!

## Die Unterminierung der katholischen Kirche
*Mary Ball-Martinez, 200 Seiten, 19,80 DM*

Als „das 1789 der katholischen Kirche" hat der belgische Kardinal Leo Suenens in einem unbeherrschten Augenblick das II. Vatikanische Konzil bezeichnet. Er wollte damit dieses Konzil als eine Revolution von nicht geringerer Tragweite als die berühmt-berüchtigte Französische Revolution von 1789 kennzeichnen.
Daß das II. Vatikanum einen äußerst folgenschweren Umsturz der katholischen Kirche unmittelbar nach sich zog, wird heute von niemand-

dem mehr geleugnet. Fast völlig in Vergessenheit geraten ist dagegen der unumstößliche Grundsatz, daß es nun einmal keine spontane, unvorbereitete, aus dem Augenblick geborene Revolution gibt. Jede Revolution erfordert eine langfristige und minutiöse Vorbereitung im Untergrund – eben die schleichende Unterminierung dessen, was da umgestürzt werden soll.

Genau hier setzt das vorliegende Werk den Hebel an. Seine These lautet, daß die „katholische" Revolution in Wirklichkeit bereits eine vollendete Tatsache war, als das II. Vatikanum einberufen wurde. Die einzige Aufgabe der Konzilsväter bestand darin, gehorsam ihre Zustimmung zu dem zu geben, was nicht etwa sie selbst zu beschließen hatten, sondern was längst von anderen beschlossen war! Für diese zentrale These ihres packend geschriebenen Buchs kann die langjährige Vatikan-Journalistin Mary Ball-Martinez eine ebenso beeindruckende wie lückenlose Reihe von Belegen liefern.

Wer wirklich wissen will, „wie das alles mit der Kirche nur so kommen konnte", wird an diesem einmaligen Buch nicht vorbeigehen können!

## Das Kreuz wird siegen! -
### Hintergründe der Kampagne gegen das Kreuz Christi

*Johannes Rothkranz, viele Abbildungen, 128 Seiten, 12,80 DM*

Die Feinde des Kreuzes Christi kommen nicht nur von außen; längst sind sie auch in die katholische Kirche eingedrungen und üben dort untergründig ihren antichristlichen Einfluß aus. Es waren darum leider auch nicht die Bischöfe oder die christlichen Politiker, die am entschiedensten gegen das infame Karlsruher Anti-Kreuz-Urteil vom August 1995 protestierten; *den schlichten Gläubigen an der Basis* kommt in *erster* Linie das Verdienst zu, den antichristlichen Bilderstürmern Einhalt geboten zu haben. Aber es wurde - bestenfalls - eine Schlacht gewonnen; der Krieg gegen Christus, sein heiliges Kreuz und seine wahre Kirche geht unerbittlich weiter. Wer nicht weiß, wo der Feind tatsächlich steht und aus welcher Richtung der Hauptangriff droht, kann das Kreuz Christi nicht wirksam verteidigen. Die vorliegende Schrift leistet die unbedingt notwendige Aufklärung. Alle wahren Freunde Christi und seines Kreuzes werden dankbar danach greifen!

## Die Kardinalfehler des Hans Urs von Balthasar
*Mag. theol. Johannes Rothkranz mit einem Vorwort von Prof. Dr. Walter Hoeres, 532 Seiten, 45,– DM*

War Hans Urs von Balthasar ein Irrlehrer? Eine provokante Frage, gewiß. Denn schließlich hat Papst Johannes Paul II. den weltbekannten und „hochverdienten" Theologen 1984 mit dem vielbeachteten „internationalen Preis Paul VI." ausgezeichnet. Am 28. Juni 1988 sollte Von Balthasar sogar zum Kardinal kreiert werden. Wem der Papst aber diesen Ehrentitel der katholischen Kirche verleiht, der kann doch unmöglich ein Irrlehrer sein, sollte man meinen. – H. U. v. Balthasar war anderer Auffassung: Im Jahre 1986 gab er einmal offen zu, man könne in seinen Büchern „Hunderte von Hölzern" für seinen „Scheiterhaufen" finden! Unser Autor Mag. theol. Johannes Rothkranz ist diesem wichtigen Hinweis nachgegangen und sehr rasch fündig geworden. Sein Buch deckt einen Skandal auf, ein Ärgernis von erschreckender Tragweite: Der Papst hat wirklich einen vielfachen Irrlehrer zum Kardinal erheben wollen.

Mit gründlicher Sorgfalt werden im vorliegenden Werk Von Balthasars Thesen über das Glaubensfundament, das Wesen und die Dreifaltigkeit Gottes, die Erlösung durch Christus, die Kirche, das Papsttum und schließlich die Letzten Dinge (Endgericht, Hölle, Fegfeuer, Himmel) untersucht und dabei fast durchgehend schwerste Widersprüche zur definierten Glaubenslehre konstatiert. Zugleich wird jeweils die philosophische und theologische Haltlosigkeit dieser Irrlehren aufgezeigt.

Eine Frage jedenfalls wird sich notwendigerweise jedem rechtgläubigen Katholiken aufdrängen, der dieses Buch unvoreingenommen liest: Wie kann der Heilige Vater einen Irrlehrer mit der Kardinalswürde auszeichnen? Kennt er die Irrtümer H.U.v. Balthasars nicht oder billigt er diese gar?

## Vorsicht! Wölfe im Schafspelz
*Mag. theol. Joh. Rothkranz, 230 S. plus 48 Bildtafeln, 29,90 DM*

Wir sollen uns vor ihnen **hüten**, mahnt uns der HERR im Evangelium, «vor den falschen Propheten, die mit Schaffellen bekleidet daherkommen, inwendig aber reißende Wölfe sind» (Mt 7,15).

Nicht umsonst verstecken sich diese Wölfe, die in Christi Schafstall eingedrungen sind, heuchlerisch unter Schafspelzen. Sie wissen genau, daß die arglosen Schafe ihren Irrlehren und ihrer Verführung dann nur zu leicht erliegen.

Nicht umsonst hat der HERR uns aber auch befohlen, sehr genau hinzusehen, bevor wir jemanden als wahren Propheten akzeptieren, das heißt, ihm als Gottes bevollmächtigtem Lehrer und Hirten folgen.

Das vorliegende Buch will dazu verhelfen, die heute bei weitem gefährlichsten Wölfe im Schafspelz zu enttarnen, ihnen das Schafsfell vom Leib zu reißen, damit sie vor den Augen aller als das dastehen, was sie tatsächlich sind: falsche Propheten.

**Untermauert wird diese dringend nötige Enttarnung durch eine umfängliche, hochinformative Bild-Dokumentation. Sie wurde sorgsam zusammengetragen und ist in ihrer sachkundig kommentierten Zusammenstellung von einmaliger Aussagekraft!**

## Sichere Zeichen der ENDZEIT
*Johannes Rothkranz, 32 Seiten, 3,20 DM*

Wie bitte?? Die Endzeit soll bereits da sein, der Antichrist vor der Türe stehen? - Viele Christen, selbst gläubige katholische Priester, wollen davon überhaupt nichts wissen. "Was haben wir darüber zu spekulieren?", fragen sie vorwurfsvoll. "Und was würde es uns nützen, es mit Sicherheit zu wissen?"

CHRISTUS, der eingeborene SOHN GOTTES selbst, gibt jedoch darauf die Antwort: "Seht, ich habe es euch vorhergesagt!" (Matthäus 24,25) Und wiederum: "So sollt auch ihr, wenn ihr dies geschehen seht, erkennen, daß nahe ist das Reich Gottes" (Lukas 21,31). Dürfen wir also vor den Prophezeiungen CHRISTI und seiner vom HEILIGEN GEIST inspirierten Apostel die Augen verschließen? Oder vor den Zeichen unserer Zeit, die jenen göttlichen Prophezeiungen in auffallender Weise entsprechen?

Keineswegs! Wir "**sollen**" erkennen, befiehlt uns der HERR, daß SEINE Wiederkunft nahe bevorsteht! Ja, er sagt noch mehr: "**Wachet also** und betet zu jeder Zeit, **damit ihr imstande seid**, all dem zu entrinnen, was kommen wird, und **zu bestehen vor dem Menschensohn**." (Lukas 21,36)

Wir haben keine sichereren Endzeit-Prophezeiungen als diejenigen der HEILIGEN SCHRIFT! Die vorliegende Broschüre stellt die wichtigsten biblischen Prophetien zusammen und vergleicht sie mit den Zeichen unserer Zeit. Das Ergebnis dieses Vergleichs müßte eigentlich alle Christen aufrütteln . . .

## Die Zertrümmerung des christlichen Abendlandes
*Johannes Rothkranz, 64 Seiten, 7,90 DM*

Hier lesen Sie, wie die Satanssynagoge im Namen der „Religionsfreiheit" das christliche Abendland, ja schließlich weltweit alle katholische Staaten als solche vernichtet und sie in „liberale" bis glaubensfeindliche Schein-Demokratien verwandelt hat. Ein kaum bekanntes, jedoch höchst bedeutsames Kapitel der Geschichte der Neuzeit, das nicht von ungefähr in der offiziellen, von der Satanssynagoge selbst diktierten Geschichtsschreibung weitestgehend ausgeklammert bleibt!

## Die Irrlehren im neuen Weltkatechismus
*Helmut Friedlmayer, 311 Seiten, 24,80 DM*

Der Kabbalist und Ex-Kanonikus Abbé Roca verkündete im Jahr 1891 die Generalerneuerung der Katholischen Kirche. Diese werde nicht von einem Papst des Glaubens, sondern von einem Papst der **Gnosis** und der **esoterischen Wissenschaft** vollzogen. Roca´s Aufruf, "Laßt in die Köpfe den Keim unserer Dogmen gleiten, damit die Priester und Laien die Überzeugung gewinnen, daß das Christentum eine wesentlich demokratische Lehre ist", hat sich seit dem Pontifikat Johannes XXIII. und dem II. Vatikanischen Konzil unzweifelhaft verwirklicht.
Der Autor erläutert knapp und schlüssig den Zusammenhang von Gnosis und "Ökumenischer Bewegung", das Eindringen des antichristlichen ökumenischen Gedankens in die Katholische Kirche und die Auswirkung dieses Prozesses auf die Glaubenslehre, wie sie sich im neuen **Weltkatechismus** darbietet. Das satanische Husarenstück der Illuminierten, die Katholische Kirche im gnostisch-ökumenischen Geist umzuformen, führt nicht nur zur weiteren Selbstzerstörung der Kirche, sondern zum klaren Bewußtsein, daß wir Zeugen der globalen Vollendung des antichristlichen Systems sind. Wer sich dem System des Antichristen nicht unterordnen will, der ist aufgerufen sich zu informieren und sich ihm zu widersetzen.

## Der Ökumenismus-Schwindel
*Helmut Friedlmayer, 85 Seiten, 9,80 DM*

Ursprünglich hieß die Losung: Einheit der Christen, dann: Einheit der Religionen. Doch ein Wissender auf dem II. Vatikanischen Konzil verriet: Weder Einheit der Christen, noch Einheit der Religionen -

sondern das Verhältnis zwischen Juden und Nicht-Juden ist der wahre Inhalt des Ökumenismus.
Wird hinter den Kulissen also ein anderes Spiel gespielt, als das Friedens- und Einheitsspektakel, das dem ´dummen´ Volk präsentiert wird? Was bedeutet Einheit unter Juden und Nicht-Juden? Die Lösung dieser Frage macht einen Blick in die „religiösen" Bücher der Juden unumgänglich. Die Horizonte, die sich hierbei eröffnen, machen dem Betrachter klar, der Ökumenismus ist nichts anderes - als eben ein Schwindel.

## Engelwerk und Kabbala
*Helmut Friedlmayer, 92 Seiten, 9,80 DM*

Ein typischer Fall im religiösen Tohuwabohu des 20. Jh.. Eine Mystikerin mit Seelenschau, Bilokation und den Wundmalen Christi - ein wiedererweckter Orden, konservativ, papsttreu.
Auf der anderen Seite Anklagen wegen Spiritismus, Kabbalistik, Geheimwissenschaft. Ein Heer von Engeln, in der Offenbarung bisher unbekannt, bringt die Theologen zur Verzweiflung. Anrufung von Engeln oder Dämonen? Okkulte Praxis mit kirchlicher Billigung? Das Engelwerk, eine neue Hoffnung der Kirche oder ein Meisterstück Satans?
Neue Recherchen erlauben eine vertiefte Sicht und eine klare Lösung dieser Frage.

## Die "Zeugen Jehovas" - Judaisierung des Christentums
*Helmut Friedlmayer, 160 Seiten, mit Abbildungen, 16,80 DM*

Viele Sekten treten im Gewand des Christentums an die Öffentlichkeit, indem sie den Namen Jesus im Munde führen. Im Fall der "Zeugen Jehovas ist es nicht nur gelungen die wahre Bedeutung dieser Sekte, sondern an Hand der Schriften des Gründervaters Ch.T. Russell auch gleichzeitig die Fundamente der **satanischen Gegenkirche** in ihrer Ganzheit zu enthüllen. Vor den Augen des Lesers breitet sich der Weltherrschaftsplan der Illuminierten in voller Klarheit und Deutlichkeit aus. Hierarchie und Zeitplan der mit dem Sieg der Demokratie (1918) sich entwickelnden antichristlichen Weltordnung, sowie deren Grundlegung in der **jüdischen Gnosis** werden offengelegt. Protestantismus, Freimaurer und Kommunismus werden als sichtbare Erscheinungen des einen geheimen Prozesses demaskiert. Die beabsichtigte Zerstörung der katholischen Kirche und des Papsttums, die Apostasierung der Christen und die damit verbundene Rolle der "Zeugen Jehovas", all diese Themen in einen zweifelsfreien Zusammenhang gebracht, eröffnen den Blick auf den luziferischen Plan einer Weltherrschaft mit Hilfe der Illuminierten.

## Die geheime Macht hinter den Zeugen Jehovas
*Robin de Ruiter, 281 Seiten, viele Abbildungen, 24,80 DM*

Der holländische Forscher und Schriftsteller Robin de Ruiter war über einen Zeitraum von mehr als 2 Jahren in die Organisation der Zeugen Jehovas eingedrungen. Ebenfalls verbrachte er 5 Jahre mit dem Studium dieser Glaubensgemeinschaft, die Ende des vergangenen Jahrhunderts in den Vereinigten Staaten entstand. Bis heute wurden seine Bücher in den spanisch-sprachigen Ländern und den USA vertrieben. Wegen des großen Erfolges bringen wir eine Übersetzung ins Deutsche des letzten Werkes des Autors, das die obengenannte Sekte behandelt. Es enthält eine Fundgrube an Daten, die sich nur durch minuziöse Nachforschungen beschaffen ließen. Neben den Verbindungen, die zwischen den Zeugen Jehovas und der Freimaurerei bestehen, der Ausübung spiritistischer Praktiken in der Führungsspitze der Wachtturmgesellschaft und der Gebrauch tausender unterschwelliger Botschaften und satanischer Symbole in ihren Publikationen, wird zum ersten Mal ein anregender Beitrag zur ständigen Debatte um die geheimen Mächte hinter dieser gefährlichen Sekte geliefert.

## Der jüdische Messianismus -
Hauptquelle für die Zerstörung der römisch-katholischen Kirche
*Ingo Goldberg, 62 Seiten, 7,80 DM*

Diese Kleinschrift ist brisant! Weist sie doch schlüssig an Hand der kabbalistischen Literatur der vergangenen 150 Jahre nach, daß die geistigen Vordenker und Planer eines neuen Katholizismus dieselben waren, die eine Wiederaufrichtung des Reiches Israel und dessen Weltherrschaft über die Völker ersehnten. Die Identität dieses neuen, esoterischen, theosophischen oder, wie man heute sagt, ökumenischen Katholizismus mit dem Erscheinungsbild der postkonziliaren Kirche ist selbst für den Skeptiker zweifelsfrei erkennbar. Wer also wissen möchte,

welche Rolle das Papsttum im neuen Katholizismus zuspielen hat, welche Veränderungen in der postkonziliaren Kirche direkt auf den jüdischen Messianismus zurückzuführen sind, inwiefern der neue Katholizismus dem jüdischen Messianismus als Sprungbrett dient, der findet hier eine knappe und ausreichende Antwort auf diese und andere Fragen.
Eine Information vorweg! Der neue Katholizismus im Geist der Esoterik, geplant von den Eingeweihten von Satans Gnaden, wird heute, selbst von konservativen Christen nicht durchschaut, im Wortkleid der "Neuevangelisation" angepriesen. Auch dieser Begriff war den Kabbalisten (z.B. Abbé Roca) durchaus geläufig.

## Das Affentheater
*Dominique Tassot, 181 Seiten, mit Abbildungen, 19,80 DM*

Dominique Tassot ist Bergbauingenieur. Er begeisterte sich für die Fossilienforschung; wie alle glaubte er an die Evolutionstheorie... Dann tauchte eines Tages die Frage auf: Ist es wirklich wahr, daß der Mensch vom Affen abstammt und daß das Leben „zufällig" aufgetreten ist? Welche Beweise haben wir dafür?
Nach und nach kam die erstaunliche Wahrheit ans Tageslicht: es gibt keine Beweise, aber eine Menge irriger Annahmen, tendenziöser Deutungen, sogar ausgeprägter Betrügereien. Die Evolutionstheorie erwies sich als etwas ganz anderes als eine Wissenschaft: ein „Märchen für Erwachsene", nach Jean Rostands Aussage in seinen „Heften eines Biologen". Aber warum? Warum dieses betrügerische Gedankengebäude, das den Mythen des Altertums in nichts nachsteht?...
Der Autor erwidert: alle diese Verdrehungen der naturwissenschaftlichen Redlichkeit erklären sich mit einem subtilen Krieg gegen den Glauben. Statt der Wissenschaft zu dienen, hat man sich ihrer bedient, um die Autorität der Bibel zu zerstören.
Auf diesen Seiten bringt Dominique Tassot uns zunächst die neuesten, zum Verständnis der Auseinandersetzung notwendigen Informationen. Sodann führt er verdienstvollerweise die Argumentation bis zum Schluß und bis zur Schlußfolgerung: Wissenschaft und Glaube vereinen sich um uns zu sagen, daß Gott den Menschen nach Seinem Bild erschaffen hat. Nein, der Mensch ist kein avancierter Affe! Ja, die Bibel hat recht!

## Die Lügen von Medjugorje
*Johannes Rothkranz, 89 Seiten, 9,80 DM*

Das klingt zugegebenerweise äußerst befremdlich: „Die Lügen von Medjugorje". Man kann es natürlich auch anders herum formulieren: „Die Wahrheit über Medjugorje". Letzteres hat der Bischof von Mostar, Msgr. Pavao Zanic, kürzlich getan, in dessen Diözese bekanntlich der längst weltberühmt gewordene „Erscheinungsort" liegt. Aber die von dem naturgemäß bestinformierten Oberhirten in einer Erklärung vom Frühjahr 1990 enthüllte Wahrheit über Medjugorje ist eben, daß dort die gutgläubigen Pilger nach Strich und Faden belogen und betrogen werden. Die vorliegende Schrift will nichts anderes als unter Verwendung der genannten Erklärung des zuständigen Ortsbischofs und anderer glaubwürdiger Quellen dazu beitragen, durch Aufdeckung der Lügen von Medjugorje der Wahrheit über Medjugorje zum Sieg zu verhelfen. Daß diese Wahrheit längst nicht allen gefallen wird, ist nur zu begreiflich, ändert aber nichts daran, daß sie gesagt werden muß.

## Das Geheimnis von Medjugorje
*Dr. E. M. Jones, 166 Seiten, 19,80 DM*

Zahlreich sind die Publikationen über Medjugorie aber nahezu alle sind einseitig pro Medjugorje geschrieben und das aus den verschiedensten Gründen auf die wir
hier nicht näher eingehen wollen.
Ein Verlag, dessen Programm „Pro Fide Catholica." heißt, ist verpflichtet, für die Wahrheit Zeugnis zu geben. Jesus Christus, der gesagt hat, daß Er die Wahrheit ist und daß Er gekommen ist, um uns durch die Wahrheit frei zu machen, ist schließlich auch gekommen, um die Werke des Teufels, des „Vaters der Lüge", zu zerstören. Wenn nun der „Vater der Lüge" oft als „Engel des Lichtes" erscheint und sogar die „ganze Welt" verführt, so ist doch seine Herrschaft der Lüge nicht von ewiger Dauer. Das gilt auch im Hinblick auf das Phänomen Medjugorje, dessen Lügen von unserem Autor J. Rothkranz bereits überzeugend aufgedeckt worden sind. In den USA hat Dr. E. M. Jones in der Schrift „Medjugorje: The Untold Story" ebenfalls unzweifelhaft dargelegt, daß die „Offenbarungen" und „Botschaften" von Medjugorje nicht vom Himmel kommen können. Wir legen hiermit sein Werk ungekürzt und auf den aktuellsten Stand gebracht in deutscher Übersetzung vor in der Hoff-

nung, daß der Tag bald kommen möge, an dem alle Freunde der Wahrheit den Jahrhundertschwindel von Medjugorje als das Werk des „Vaters der Lüge" erkennen und verabscheuen werden.

## Die ganze Wahrheit über das OPUS DEI
*Alfonso de Borbón, 284 Seiten, 25,80 DM*

Zeit seines Bestehens ist es ebenso geheimnisumwittert wie umstritten: das OPUS DEI.
Eine Allianz von neomodernistischen Theologen und linkslastigen Medien wirft dem von Johannes Paul II. zur Personalprälatur erhobenen «Werk Gottes» nicht bloß geheimbündlerische Undurchsichtigkeit vor, sondern bekämpft es auch als angeblich konservative, ja sogar reaktionäre Institution.
Seine Anhänger und Fürsprecher hingegen preisen es als ein echtes Werk Gottes und der Kirche, das in vollem Einklang mit dem II. Vatikanum stehe, und weisen alle Vorwürfe sektiererischer Geheimniskrämerei empört zurück.
Doch die volle Wahrheit über dieses in Spanien gegründete und dort ebenso wie in Lateinamerika (aber auch im nachkonziliaren Vatikan) höchst einflußreiche Werk ist noch sehr viel verblüffender als alles, was in deutschen Landen bisher - sei es von Freund oder Feind - über das OPUS DEI gesagt und geschrieben wurde!
Kein Wunder, denn für das vorliegende Buch wurde jahrelang und intensiv direkt vor Ort, in Spanien recherchiert.
Lassen Sie sich aus sozusagen erster Hand informieren und - überraschen!

## Don Stefano Gobbi – ein Werkzeug des Himmels?
*Werner Nicolai, 64 Seiten, 6,80 DM*

Tausende von katholischen Priestern lassen sich in ihrer Beurteilung der fürchterlichen Glaubens- und Führungskrise der katholischen Kirche seit mittlerweile 18 Jahren von angeblichen Botschaften der Muttergottes leiten. Auch unter den gläubigen Laien ist das sogenannte „Blaue Büchlein" des italienischen Priesters Don Stefano Gobbi weit verbreitet. Obwohl die vermeintlichen Botschaften des Himmels für den aufmerksamen Leser zahlreiche schwerwiegende Ungereimtheiten enthalten, werden sie meist kritiklos akzeptiert und sorgen für eine gefährliche

Apathie bei Priestern und Gläubigen gegenüber den schlimmsten, weil getarnten, Feinden der Kirche. Werner Nicolai gebührt das Verdienst, durch sorgsame Anwendung der überlieferten theologischen Maßstäbe der Kirche zur Unterscheidung der Geister überzeugend, ja frappierend nachgewiesen zu haben, daß Don Gobbis „Botschaften" diesen unverrückbaren Maßstäben in keiner Weise standhalten: in ihnen spricht nicht Maria, sondern der Widersacher von Anbeginn. Niemand wird sich künftig mehr an dieser Erkenntnis vorbeimogeln können.

## Prophezeiungen im Lichte der katholischen Glaubenslehre
*Dr. Wilhelm Ettelt, 55 Seiten, 5,90 DM*

Wir leben in einer unsicheren Zeit, in der Weissagungen und Prophezeiungen aus dem Boden schießen. Dabei beobachtet man zwei ganz entgegengesetzte Haltungen: Die einen stürzen sich auf alle, auch wenn sie noch so widersprüchlich sind; die anderen lehnen ebenso ungeprüft alle ab. Der Verfasser zeigt, daß beide Haltungen unvernünftig und den Ratschlägen von Bibel und Kirche entgegengesetzt sind. Was sind überhaupt Prophezeiungen und was gibt es für Kriterien für ihre Beurteilung? Das sind Fragen, mit denen sich der Verfasser in dieser Schrift beschäftigt, bis er schließlich auch vorsichtig auf Weissagungen eingeht, die sich auf unsere Zeit und die nähere Zukunft beziehen. - Ein Kapitel über Antichristweissagungen beschließt das Büchlein.

## Zeichen der Zeit
*Manfred Adler, 96 Seiten, 9,80 DM*

Wenn nach dieser Kleinschrift, die im Jahre 1958 erstmals erschienen ist, heute noch von Katholiken und Nicht-Katholiken lebhaft gefragt wird, dann ist das schon erstaunlich. Der Grund für dieses außergewöhnliche Interesse dürfte darin liegen, daß der Verfasser die Rolle Mariens in der Heils- und Zeitgeschichte mit seltener Deutlichkeit und Klarheit herausgestellt hat und eine End-Zeit-Analyse vorlegt, die nach wie vor aktuell ist und überzeugt.